Tomas Palm

Steuern und andere Grausamkeiten

Tomas Palm

Steuern

und andere

Grausamkeiten

Impressum:

1. Auflage

©2014 Tomas Palm

Herstellung und Verlag

BoD-Books on Demand, Norderstedt

ISBN: 978-3-7357-9492-5

Inhaltsverzeichnis

Vorwort

Mit der nachfolgenden Kritik am deutschen Steuersystem soll ebenso wenig zur Steuerhinterziehung aufgefordert werden, wie eine Kritik an Mängeln des Justizvollzugs zum Ausbruch oder zur Gefängnismeuterei anstiften soll. Vielmehr soll diese Abhandlung aufzeigen, dass die finanziellen Lasten unseres Gemeinwesens höchst ungleich auf die Bürger verteilt sind und der Gleichheitsgrundsatz im Steuerrecht in sein Gegenteil verkehrt ist. Dieser Missstand wird noch dadurch verschärft, dass die vom Staat erhobenen Steuern nur zu einem Bruchteil für originäre Staatsausgaben eingesetzt werden und überwiegend dem Zwecke der Umverteilung und der Finanzierung politischer Utopien dienen.

Situation

Der Staat erhebt Steuern, um die Finanzmittel zu erlangen, die unser Gemeinwesen zur Finanzierung seiner Aufgaben benötigt. Der ahnungslose Bürger geht in der Regel davon aus, dass unser System der Besteuerung und Steuererhebung sachgerecht ausgestaltet sei. Er akzeptiert klaglos die Methoden, derer sich der Staat zur Erhebung der Steuern bedient. Er stört sich nicht daran, dass der Staat den Bürger nicht wie seinen Souverän behandelt, sondern wie einen Untertan, den er mit obrigkeitsstaatlichen Mitteln dazu zwingt, der ihm auferlegten Abgabeverpflichtung nachzukommen. Das Instrumentarium, das der Staat zur Erhebung der Steuern einsetzt, ist dabei erheblich rigoroser als diejenigen Mittel, die der Staat seinen Bürgern zubilligt, um Ansprüche *untereinander* durchzusetzen.

Dass für unser System der Steuererhebung durchaus Nachbesserungsbedarf besteht, wird auch von namhaften Protagonisten unseres Steuersystems bestätigt. So hat der Präsident des Bundesfinanzhofes Mellinghoff anlässlich seines Eröffnungsvortrages auf dem 36. Deutschen Steuerberatertag über das Spannungsverhältnis referiert, das zwischen den Grundsätzen des Besteuerungsverfahrens einerseits und den Grundsätzen des Steuerstrafverfahrens andererseits besteht.

Im *Besteuerungsverfahren* bestehe für den Bürger eine umfassende Pflicht zur Offenlegung aller Tatsachen auch dann, wenn er sich damit selbst einer Straftat bezichtigen muss. Im *Steuerstrafrecht* gelte hingegen der nemo-tenetur Grundsatz, der besage, dass niemand verpflichtet sei, sich selbst anzuklagen oder gegen sich selbst Zeugnis abzulegen. Daraus folge, dass der Beschuldigte eines (Steuer)-Strafverfahrens nicht verpflichtet sei, an der Aufklärung des Falles mitzuwirken. Dieser Grundsatz sei nicht ausdrücklich gesetzlich kodifiziert, werde aber aus der allgemeinen Handlungsfreiheit und dem Persönlichkeitsrecht aus Art. 2 Abs. 1 i. V. m. Art. 1 Abs. 1 GG sowie dem Rechtsstaatsprinzip des Art. 20 Abs. 3 des Grundgesetzes abgeleitet und habe daher Verfassungsrang.

Zwischen diesen Grundsätzen bestehe, so Mellinghoff, nicht nur deshalb ein Spannungsverhältnis, weil derselbe Sachverhalt sowohl Gegenstand eines Besteuerungsverfahrens als auch eines Strafverfahrens sein könne. Gegenüber dem Finanzamt sei der Steuerpflichtige zur Mitwirkung verpflichtet; im strafrechtlichen Ermittlungsverfahren dürfe hingegen jede Mitwirkung verweigert werden. Diese Problematik werde noch dadurch verstärkt, weil § 208 AO der Steuerfahndung eine Doppelzuständigkeit einräume, indem ihr im Zusammenhang mit Straftaten auch die Ermittlung der Besteuerungsgrundlage obliege.

Der Grund weshalb diese gravierenden Mängel der elementaren Gesetzesgrundlage unseres Steuersystems seit Inkrafttreten der Abgabenordnung im Jahr 1977 bis heute noch nicht behoben sind, beruht wohl nicht nur auf Nachlässigkeit. Vielmehr ergibt er sich aus der Tatsache, dass dieser Zustand den Steuerbehörden effektive Druckmittel in die Hand gibt, auf die sie nicht verzichten wollen. Unverständlich ist deshalb, dass Präsident Mellinghoff darin keine Verletzung unserer Verfassung sieht, obwohl er als mutmaßliche Erfahrung aus seiner Gerichtspraxis darlegt, dass die Steuerfahndung diese Doppelfunktion missbrauchen kann, um die weitere Mitwirkungspflicht des Steuerpflichtigen aufrecht zu halten oder sogar durch Drohung mit der Einleitung eines Strafverfahrens im Besteuerungsverfahren ein bestimmtes steuerliches Ergebnis zu erzielen. Unerwähnt blieb dabei, dass ein solches Verhalten den strafrechtlichen Tatbestand der Nötigung erfüllt.

In der vorgenannten Eröffnungsrede ging der Präsident des Bundesfinanzhofes auch darauf ein, dass das Finanzamt in einigen Bundesländern so genannte Flankenschutzfahnder einsetzt. Dies seien Steuerfahnder, die bereits im Besteuerungsverfahren Ermittlungen durchführen. Deren Einsatz sehe die Finanzverwaltung als „notwendiges Korrektiv zum Vertrauensvorschuss", den sie Steuerpflichtigen dadurch gewähre, dass schlüssigen und glaubhaft erscheinenden Erklärungen der Bürger Glauben geschenkt werde und nur stichprobenartige Überprüfungen stattfänden. Präsident Mellinghoff hält diese Praxis für rechtsstaatlich höchst bedenklich, da nach geltendem Recht keine Rechtsgrundlage dafür bestehe. Entgegen der Ansicht der Finanzverwaltung könne diese nicht auf § 208 der Abgabenordnung gestützt werden.

Solche überraschende Meinungsäußerungen höchster Richter stehen indes in seltsamem Kontrast zur täglichen Steuergerichtspraxis. Die Tatsache, dass nur drei Prozent (!) aller Finanzgerichtsprozesse zugunsten des Bürgers entschieden werden, zeigt, dass unsere Steuergerichte wenig bürgerfreundlich sind.

Die Kritik von Vertretern unseres Steuersystems bedient sich naturgemäß nur solcher Argumente, die systemkonform sind. Sie ist nicht wirklich kritisch, da der Horizont ihrer Betrachtung und Fragestellungen durch das Bestehende definiert wird und an die bestehenden Regeln und Gesetze gebunden bleibt. Die Kritik zielt dabei lediglich darauf ab, das bestehende System zu optimieren und damit zu festigen. Eine wirklich kritische Außensicht stellt hingegen die geltenden Regeln und Grundsätze in Frage und geht davon aus, dass durchaus Alternativen zum jetzigen Steuersystem bestehen und kritisch zu hinterfragen ist, wie und warum das bestehende System in dieser Ausgestaltung entstanden ist.

Das System der Besteuerung

Die Menschen haben sich zu einer Gemeinschaft (Staat) zusammengeschlossen, um Aufgaben, die der Einzelne nicht alleine bewältigen kann, gemeinsam durchzuführen. Solche dem Gemeinwesen übertragenen Aufgaben sind die Schaffung und der Betrieb von Schulen, die Schaffung und Unterhaltung der Verkehrsinfrastruktur, die Polizei, Krankenhäuser, Wasser- und Energieversorgung, Landesverteidigung und vieles mehr. Um die dabei anfallenden Kosten zu finanzieren, erhebt das Gemeinwesen Steuern. Da jeder Bürger von den Leistungen des Staates in der Summe ungefähr gleich viel profitiert und eventuelle Übernutzungen durch Sonderbeiträge (wie Kfz-Steuer) abgegolten werden, wäre es sachgerecht, die Kosten der Gemeinschaftsaufgaben in Form von Steuern auf alle Bürger gleichmäßig umzulegen, so dass jeder dieselben Steuern zu bezahlen hätte.

Die gleichmäßige Tragung der Gemeinschaftskosten scheiterte jedoch von Anbeginn am Widerstand der nichtprivilegierten Einkommensbezieher, die statt dessen eine Umlegung dieser Kosten im Verhältnis der *Einkommen* der Bürger befürworteten. Die Besserverdienenden argumentierten hiergegen, dass das Einkommen des Einzelnen weder mit der Entstehung der Gemeinschaftskosten noch mit der Nutzung der Gemeinschaftseinrichtungen in irgendeinem Zusammenhang stehe. Folglich dürfe es auch bei der Umlage der Gemeinschaftskosten keine Rolle spielen. Trotz dieser nicht zu widerlegenden Argumentation gelang es den zahlenmäßig in der Mehrzahl befindlichen Mitgliedern der nichtprivilegierten Einkommensschichten, ihre Mehrheitsmeinung durchzusetzen und das *Einkommen* der Bürger als Aufteilungsmaßstab für die Gemeinschaftskosten zu etablieren.

Wird anstatt der eigentlich gebotenen Pro-Kopf Aufteilung der Gemeinschaftskosten die Steuer nach dem *Einkommen* der Bürger bemessen, so hat ein Bürger, dessen *Einkommen* doppelt so hoch ist wie das eines anderen, den doppelten Steuerbetrag und ein Bürger dessen Einkommen zehnmal so hoch ist, den zehnfachen Beitrag zur Bestreitung der Gemeinschaftskosten zu leisten. Dieses Aufteilungsprinzip, bei dem die Besserverdienenden bereits überproportional zu ihrer tatsächlichen Nutzung an den Gemeinschaftskosten beteiligt worden wären, war den nichtprivilegierten Einkommensbeziehern immer noch nicht weitgehend genug. Sie waren der Meinung, dass den Besserverdienenden auch bei dieser überproportionalen Kostentragung immer noch so viel an verfügbarem Einkommen verbleibt, dass sie durchaus mit *noch höheren* Kosten belastet werden können.

Um eine *noch höhere* Steuerbelastung der Besserverdienenden zu rechtfertigen, wurde das so genannte „Prinzip der Leistungsfähigkeit" erfunden. Diese Begriffsschöpfung täuscht, ebenso wie „das Recht des Stärkeren", einen Rechtsgehalt vor, der in Wirklichkeit nicht vorhanden ist.

Mit diesem „Prinzip" soll der progressive Steuertarif gerechtfertigt werden, bei dem die Steuerbelastung der Besserverdienenden nicht nur proportional zu ihrem Einkommen ansteigt. Vielmehr erhöht sich mit dem Einkommen auch noch der *Prozentsatz* der abzuführenden Steuern. Ein Bürger, der das doppelte Einkommen hat, muss damit nicht nur den doppelten Steuerbetrag abführen, sondern den dreifachen oder einen noch höheren Steuerbetrag. Er hat damit für dieselben Vorteile, die ihm das Gemeinwesen bietet, eine Steuerlast zu tragen, die ein Vielfaches dessen beträgt, was die anderen Gemeinschaftsmitglieder zu tragen haben und ein *Vielfaches* dessen beträgt, was seinem tatsächlichen Nutzen an den Vorzügen des Gemeinwesens entspricht.

Dieses Prinzip soll am Kauf eines Brötchens erläutert werden, das heute noch zum festen Preis von 50 Cent erworben werden kann. Wenn der Brötchenkauf nach dem System der Besteuerung erfolgen würde, dann hätte das Brötchen keinen festen Preis. Der Preis würde sich vielmehr danach bemessen, welches Einkommen der Käufer besitzt, sodass derjenige mit höherem Einkommen auch einen höheren Preis zu bezahlen hätte. Dieser Preis würde sich jedoch nicht nur in der Weise erhöhen, dass bei dreifachem Einkommen auch der dreifache Preis zu bezahlen wäre (lineare Erhöhung). Bei einer Preisbildung, die dem progressiven Steuertarif des Jahres 2014 entspricht, hätte ein Käufer mit dreifachem Einkommen vielmehr den 7,8-fachen Kaufpreis für das Brötchen zu bezahlen! Das Brötchen würde für ihn 3,90 Euro kosten. Dieses Beispiel entspricht exakt unserem Steuertarif (Grundtabelle) für zu versteuernde Jahreseinkommen von 15.000 bzw. 45.000 Euro.

Die vorstehenden Zahlen zeigen, dass es absolut unsachgemäß und willkürlich ist, den Preis für eine Leistung oder die Höhe eines Gemeinschaftsbeitrags an das sachfremde Kriterium ´Einkommen´ anzuknüpfen. Völlig absurd ist es dabei, diese Verknüpfung auch noch progressiv auszugestalten. Eine solche unterschiedliche Belastung der Bürger verstößt eklatant gegen den Gleichheitsgrundsatz des Art. 3 unseres Grundgesetzes. Diese Tatsache vermögen auch die nachstehenden Argumente nicht aus der Welt zu schaffen.

Als Rechtfertigung für die massive Verletzung des Gleichheitsgrundsatzes wird angeführt, dass erst der Staat mit seiner Organisation des gesellschaftlichen Zusammenlebens den Besserverdienenden ermögliche, mehr zu arbeiten und mehr zu verdienen als die Andern. Deshalb stehe dem Staat dieser Mehrverdienst teilweise (faktisch zur Hälfte) zu.

Diese Begründung ist nicht stichhaltig, da der Staat diesen Vorteil allen Bürgern gleichermaßen einräumt. Somit haben alle Bürger die Möglichkeit, ein höheres Einkommen zu generieren. Die Tatsache, dass dies nur wenigen gelingt, beweist, dass die Zurverfügungstellung einer staatlichen Ordnung und Infrastruktur für den wirtschaftlichen Erfolg in einem naturwissenschaftlichen Sinn zwar kausal sein mag. Diese Kausalität ist jedoch so schwach, wie es die Luft zum Atmen für den siegreichen Wettläufer ist. Genau so wenig wie dieser seinen Sieg mit der Luft zu teilen hat, muss der Besserverdienende sein persönliches Verdienst mit der Allgemeinheit teilen.

Als weiteres Argument für die Höherbelastung der Besserverdienenden, wird der Umstand genannt, dass der Staat den sozialen Frieden garantiere und es damit erst ermögliche, dass die Besserverdienenden das ihnen nach Abzug der Steuer verbleibende Einkommen behalten dürfen. Für diese Rechtfertigung gilt das Vorgesagte gleichermaßen. Außerdem lässt sich mit dieser Begründung auch das Geschäftsmodell der Schutzgelderpressung rechtfertigen.

Die Argumentation, dass besserverdienende Unternehmer nur deshalb ihre Gewinne erzielen könnten, weil sie im Rahmen der bestehenden staatlichen Organisation agieren und sich der bestehenden Infrastruktur und gut ausgebildeter Arbeitskräfte bedienen können, übersieht vor allem, dass dem Unternehmer diese Vorteile nicht gratis zu Verfügung stehen. Von der Inanspruchnahme der Verkehrsinfrastruktur, der Anbindung an die Telekommunikation, der Nutzung gesellschaftlicher Einrichtungen bis zur Beschäftigung von Arbeitskräften hat der Unternehmer für alle diese Leistungen ein Entgelt zu entrichten, das dem Wert dieser Vorteile entspricht und den Leistungserbringern neben der Deckung ihrer Kosten in der Regel einen zusätzlichen Gewinn beschert, der wiederum steuerpflichtig ist. Dieses geleistete Entgelt hat als Kostenfaktor den Gewinn des Unternehmers bereits gemindert, so dass keinerlei Berechtigung besteht, für den vorgenannten Nutzen einen weiteren Ausgleich in Form einer als Steuer deklarierten Gewinnbeteiligung zu fordern.

Aber selbst wenn man der Meinung folgt, dass ein Unternehmen trotzdem einen unbezahlten Vorteil aus der vom Staat geschaffenen Infrastruktur zieht, sollte nicht verkannt werden, dass der Unternehmer dem Staat und damit der Gesellschaft kostenlos einen überaus wertvollen Dienst erbringt, nämlich die dringend benötigte Schaffung von Arbeitsplätzen.

Die Besteuerung nach einem progressiven Tarif lässt sich somit durch nichts rechtfertigen. Die hierzu erlassenen Steuergesetze schaffen zwar positives Recht, dessen Nichtbeachtung mit Sanktionen belegt ist. *Ein wirklicher Rechtsgehalt im Sinne eines moralisch begründeten Imperativs ist den Steuergesetzen angesichts der extrem ungleichen Belastung der Bürger jedoch keineswegs immanent.*

Die Durchführung einer Besteuerung nach progressivem Tarif setzt voraus, dass die Besteuerung abschnittsweise (jährlich) erfolgt und hierfür das jeweilige Einkommen zugrunde gelegt wird. Dies führt zu einer weiteren Fehlbesteuerung, wenn in einem Jahr ein hoher Gewinn erzielt wird, der in den folgenden Jahren durch Verluste wieder aufgezehrt wird. Einem solchen Sachverhalt trägt unser Steuergesetz nur in unzureichendem Umfang Rechnung, weil der

Verlustrücktrag zeitlich auf ein Jahr und der Höhe nach auf 511.500 Euro begrenzt ist. Dieser Betrag trägt den Bedürfnissen gewerblicher Unternehmer in keiner Weise Rechnung.

Eine sachlich nicht gerechtfertigte Begrenzung existiert auch für den Verlust*vortrag*, bei dem die Verrechnung mit Gewinnen auf den Betrag von einer Million Euro unbeschränkt, darüber hinaus jedoch nur in Höhe von 60 % des eine Million Euro übersteigenden Gesamtbetrags zulässig ist. Diese Beschränkung ist durch nichts zu rechtfertigen. Der Unternehmer, der in der Gründungsphase hohe Verluste erzielt hat, sollte in der darauffolgenden Gewinnphase erst dann mit Steuern belastet werden, wenn er diese Verluste in *voller* Höhe mit Gewinnen ausgeglichen hat. Wird er bereits vorher mit Steuern belastet, so werden Abgaben erhoben, ohne dass entsprechende Einkünfte vorliegen.

Darüber hinaus ist sowohl beim Verlustvortrag als auch beim Verlustrücktrag nur die negative Summe der Einkünfte mit dem Gewinn anderer Veranlagungsjahre verrechenbar, während Sonderausgaben und außergewöhnliche Belastungen, die bei der regulären Steuerveranlagung berücksichtigt werden, unter den Tisch fallen. Damit werden Einkünfte besteuert, über die der Bürger gar nicht verfügen kann, weil er auch in einem Verlustjahr seine Krankenversicherung zu bezahlen hat und seine bedürftigen Eltern unterstützen muss. Bei der als Maßstab der Besteuerung herangezogenen Leistungsfähigkeit orientiert sich der Staat somit nur an den guten Zeiten seiner Bürger, während er die schlechteren Phasen ausblendet.

Die vorstehende und am Beispiel der Verlustverrechnung dargelegte gesetzliche Methodik entspricht folgendem das gesamte Steuerrecht durchziehenden Muster:

> Der Staat geht bei der Steuererhebung bis an die von ihm selbst definierte Belastungsgrenze der Bürger und ignoriert dabei vielfach diejenigen Umstände, die die Leistungsfähigkeit der Bürger de facto reduzieren.

Das eklatanteste Beispiel dafür, dass der Staat trotz fehlender Leistungsfähigkeit Steuern erhebt, ist der als

„kalte Progression" bezeichnete Mechanismus, der bewirkt, dass Lohn- und Einkommenserhöhungen, die allein zum Ausgleich der Inflation dienen und real kein höheres Einkommen bescheren, trotzdem besteuert werden und über die höhere Progression zudem eine höhere Steuerprogression auslösen. Nach Schätzungen des Steuerzahlerbundes schöpft der Staat vom Jahr 2014 bis 2017 allein hierdurch über 55 Milliarden zusätzlich von seinen Bürgern ab.

Beim System der *Rentenbesteuerung*, das den durch eigene Beiträge finanzierten Teil der Rente steuerfrei stellt, ist dieser Effekt sogar doppelt und damit potenziert wie folgt festzustellen:

Zum einen erfolgt auch hier die ungerechtfertigte Besteuerung von Rentenerhöhungen, die nur dem Inflationsausgleich dienen. Zum andern erfolgt eine zusätzliche Besteuerung dadurch, dass der aus versteuertem Einkommen selbst finanzierte und deshalb steuerfreie Teil der Rente nicht prozentual bestimmt wird, sondern als fixer Eurobetrag beim Rentenbeginn festgelegt wird.

Dies hat zur Folge, dass *alle* inflationsbedingten Rentenerhöhungen *in voller Höhe* dem *steuerpflichtigen* Teil der Rente zugeschlagen werden!

Auch bei der Besteuerung der Kapitaleinkünfte ist festzustellen, dass der Staat eine Leistungsfähigkeit zugrunde legt, die in dem unterstellten Umfang gar nicht vorliegt. Hier wird dem Bürger der Abzug jeglicher Werbungskosten versagt, obwohl diese seine Leistungsfähigkeit vermindern und es einem elementaren Grundsatz des Steuerrechts entspricht, dass die bei der Erzielung von Einkünften anfallenden Kosten auch steuerlich zu berücksichtigen sind. Ein Verstoß gegen diesen Grundsatz war auch der Versuch des Fiskus, die Fahrtkosten zwischen Wohnung und Arbeitsstätte nur insoweit steuerlich zu berücksichtigen, als eine Fahrtstrecke von 20 km überschritten wird. Dieser Versuch wurde glücklicherweise vom Bundesverfassungsgericht gestoppt.

Wie bei den vorgenannten Fahrtkosten musste das Bundesverfassungsgericht die Steuergesetzgebung auch auf anderen Gebieten, wie beispielsweise dem Grundfreibetrag und dem Kinderfreibetrag immer wieder korrigieren, um die steuerliche Freistellung von solchen Ausgaben zu erzwingen, die für den Bürger zwangsläufig sind und damit seine steuerliche Leistungsfähigkeit einschränken. Auch auf dem Gebiet der Sonderausgaben hatte das Bundesverfassungsgericht im Jahr 2008 entschieden, dass die bis dato bestehende Begrenzung des Sonderausgabenabzugs für Beiträge zur Krankenversicherung unzulässig sei, da dieser existenznotwendige und sogar gesetzlich angeordnete Aufwand des Steuerpflichtigen in voller Höhe berücksichtigt werden müsse.

Eine wichtige Entscheidung bezüglich der steuerlichen Maximalbelastung des Bürgers war das Urteil des Bundesverfassungsgerichts über die Verfassungsmäßigkeit der Vermögenssteuer im Jahr 1995. Das Bundesverfassungsgericht hat anlässlich dieser Entscheidung den so genannten Halbteilungsgrundsatz entwickelt. Nach diesem Grundsatz sollten die Besserverdienenden vor der Begehrlichkeit des Staates wenigstens insoweit geschützt sein, dass ihnen die Hälfte ihrer Einkünfte verbleibt. Da der Spitzensteuersatz der Einkommensteuer zu dieser Zeit 56 Prozent betrug, sah das Bundesverfassungsgericht keinen

Raum für eine zusätzliche Vermögenssteuer und erklärte diese für verfassungswidrig. Bezeichnenderweise ist das Bundesverfassungsgericht von dem selbst entwickelten Halbteilungsgrundsatz in späteren Entscheidungen wieder abgerückt und hat erklärt, dass es aus verfassungsrechtlicher Sicht für die Besteuerung keine Höchstgrenze gebe.

Indes war die dem Halbteilungsprinzip zugrunde liegende Berechnung ohnehin geschönt, weil sie die indirekten Steuern unberücksichtigt ließ. So zahlt jeder Bürger neben der Einkommen/Lohnsteuer und dem Solidaritätszuschlag auch noch für die meisten Güter seines täglichen Verbrauchs neunzehn Prozent Umsatzsteuer und darüber hinaus noch weitere Steuern, wie Mineralölsteuer, Kraftfahrzeugsteuer, Sektsteuer, Grunderwerbssteuer etc., sodass die Belastung mit Steuern für Besserverdienende bei fast 70 Prozent liegen dürfte. Besonders verfehlt ist dabei, dass der progressiv verlaufende Steuertarif (ohne den dreiprozentigen Zuschlag der Reichensteuer) seinen Höchstsatz von 42 Prozent Steuerbelastung bereits bei einem zu versteuernden Jahreseinkommen von 52.882 Euro erreicht und damit nicht nur die Spitzenverdiener trifft, sondern bereits alle Bürger, die ein monatliches Bruttoeinkommen von 5.000 Euro erzielen.

Trotz dieser bereits bestehenden massiven Steuerbelastung der Bürger ist immer wieder eine Erhöhung der Steuern im Gespräch, wobei sich vor allem die Partei Die Grünen hervortut. Eine drastische Erhöhung der Einkommensteuer hat bereits unser Nachbarstaat Frankreich getestet, indem er für höhere Einkommen eine 75-prozentigen Belastung allein durch die Einkommensteuer beschlossen hat. Dies wurde im Dezember 2012 vom Verfassungsrat zwar für verfassungswidrig erklärt. Der Rat kritisierte dabei jedoch nicht die Höhe der Steuer an sich, sondern eine Ungleichbehandlung der Haushalte. Wenn zwei Partner jeweils weniger als eine Million Euro verdienten, waren sie von der neuen Steuer ausgenommen. Kam ein Partner *allein* auf das gleiche Einkommen, musste er den 75-prozentigen Steuersatz zahlen.

Ebenso wie das Einkommen ist auch das Vermögen der Bürger keineswegs sicher. Während es für Eigentum (Immobilienbesitz etc.) eine Bestandsgarantie des Grundgesetzes gibt, besteht für Geldvermögen kein dahingehender Schutz. Der Grund hierfür ist, dass nach den juristischen Regeln an Geld kein Eigentum erworben werden kann. Der Internationale Währungsfonds IWF hat bereits ein Modell entworfen, das vorsieht, dass alle Bürger Europas ab einem bestimmten Vermögen einer Vermögensabgabe in Höhe von zehn Prozent unterworfen werden sollen, um die ausufernden Staatsschulden der europäischen Staaten abzubauen. Laut einer repräsentativen Umfrage befürwortet ein Viertel der Deutschen, dass Reiche durch eine Vermögensabgabe einen Beitrag zum Abbau der Staatsschulden leisten sollen. Die ehrwürdige Deutsche Bundesbank machte den Vorschlag jetzt endgültig salonfähig. Sie hat für Europa ein Potential in Höhe von 3853 Milliarden Euro errechnet, das bei Einführung einer zehnprozentigen Vermögensabgabe zur Tilgung der Staatsschulden verwendet werden könnte.

Diese düsteren Zukunftsaussichten sind der Grund dafür, dass sich die wohlhabenden Bürger Gedanken über den Schutz ihres Vermögens machen und danach trachten, dieses vor einem drohenden konfiskatorischen Zugriff in Sicherheit zu bringen. Eine solche vorbeugende Maßnahme ist auch dann legal, wenn sich ein staatlicher Zugriff auf das Vermögen der Bürger in der Zukunft auf eine positivrechtliche Regelung stützen sollte. Denn einer solchen Regelung wäre zumindest nach unserer *jetzigen* Verfassung die rechtsstaatliche Legitimation abzusprechen.

Bringen Bürger ihr Geld in der Schweiz in Sicherheit, wird ihnen immer wieder unterstellt, dass eine Geldanlage in der Schweiz nur dazu diene, die hieraus resultierenden Erträge der Versteuerung zu entziehen. Diese Unterstellung ist keineswegs zutreffend. Denn bis zum Jahr 2009 waren *Spekulationsgewinne* auch nach deutschem Recht steuerfrei, wenn zwischen Anschaffung und Veräußerung die Jahresfrist eingehalten wurde.

Von den nach deutschem Recht steuerpflichtigen Zinserträgen wird bis heute von den Banken der Schweiz EU-Quellensteuer einbehalten, die bis auf eine Aufwandsentschädigung in voller Höhe an den deutschen Fiskus abgeführt wird. Diese Steuer beträgt heute 35 Prozent und ist damit um zehn Prozent höher als die reguläre Steuer, die der deutsche Fiskus für Kapitaleinkünfte einfordert. Der deutsche Fiskus erzielt damit aus Zinserträgen die von deutschen Bürgern in der Schweiz erzielt werden, höhere Steuereinnahmen als bei einer Kapitalanlage in Deutschland. Dasselbe gilt bei einer Kapitalanlage in Luxemburg oder einem anderen Land der Europäischen Union.

Der Besitz eines Bankkontos in diesen Ländern muss damit selbst dann nicht zu einer Steuerhinterziehung führen, wenn die Deklarierung der Zinserträge in Deutschland unterbleibt. Vor diesem Hintergrund ist es völlig unverständlich, warum Vermögensanlagen im Ausland immer wieder diskreditiert werden und bei der Offenlegung ausländischer Konten gegenüber dem Finanzamt eine Umkehr der Beweislast erfolgt, mit der Folge, dass der Bürger den Nachweis zu erbringen hat, dass seine ausländische Vermögensanlage keinen höheren als den deklarierten Ertrag erbracht hat.

Solche diskriminierende Regelungen für ausländische Vermögensanlagen stellen in einer globalisierten Welt ein anachronistisches Relikt dar und passen keineswegs zur Rolle Deutschlands als führende Exportnation. Eine solche Praxis steht auch eklatant im Widerspruch zur Öffnung der Staatsgrenzen und der vom Staat praktizierten Freizügigkeit gegenüber Ausländern. Während jenen die Freiheit gewährt wird, in unsere Sozialsysteme einzuwandern, wird der deutsche Bürger unter den Generalverdacht der Steuerhinterziehung gestellt, wenn er sein Vermögen im Ausland anlegt.

Nicht in Abrede gestellt wird, dass auf ausländischen Bankkonten auch Gelder geparkt werden, deren *Erwerb* noch keiner Besteuerung unterlegen hat oder die auf kriminelle Weise erworben wurden. Gleichwohl berechtigt dieser Umstand nicht dazu, Kapitalanlagen im Ausland allgemein unterbinden zu wollen. Dies wäre ebenso unverhältnismäßig, wie die Aufhebung der europäischen Freizügigkeit, wegen der Zunahme polnischer Diebesbanden.

Methoden der Steuererhebung

Wie eingangs erwähnt wurde, ist das Instrumentarium, das der Staat zur Eintreibung der Steuern einsetzt, erheblich rigoroser als diejenigen Mittel, die der Staat seinen Bürgern zubilligt, um Ansprüche *untereinander* durchzusetzen. Der Handwerker, der gegen seinen Auftraggeber eine ausstehende Forderung von 50.000 Euro geltend macht, muss hierzu mehrere Instanzen der Rechtsprechung durchlaufen und riskiert hierbei noch weitere Gerichts- und Anwaltskosten, die sich auf rund 20.000 Euro belaufen können. Hat er die Material- und Lohnkosten bereits aus eigenen Mitteln verauslagt, so kann der Ausfall dieser Forderung durchaus seine unternehmerische Existenz gefährden. Der Schuldner hingegen kann Privatinsolvenz beantragen, um sich nach Ablauf von drei Jahren im Wege einer *Restschuldbefreiung* aller Schulden zu entledigen. Der Handwerker geht damit endgültig leer aus, selbst wenn er sich für teures Geld einen Schuldtitel erstritten hat, der eigentlich 30 Jahre Bestand hat.

Ganz anders der Fiskus. Dieser zieht in autonomer Weise ohne Zuhilfenahme von Institutionen der Rechtspflege seine Steuerforderungen ein. Entgegen dem Prinzip der Gewaltenteilung ist es dem Fiskus möglich, die Steuereinziehung unter Umgehung der dritten Staatsgewalt, nämlich der Judikative, durchzuführen. Hierzu hat sich der Fiskus ein eigenes Instrumentarium geschaffen:

Nach § 90 der Abgabenordnung (AO) ist der „Steuerpflichtige" verpflichtet, bei der Feststellung der Besteuerungsgrundlagen mitzuwirken. Diese auf den ersten Blick berechtigt und harmlos erscheinende gesetzliche Regelung bedeutet, dass der Bürger gezwungen wird, Aufgaben des Staates wahrzunehmen, die gegen ihn selbst und seine eigenen Interessen gerichtet sind. Während unser Rechtssystem in allen außersteuerlichen Bereichen bestrebt ist, Interessenkonflikte zu vermeiden (vgl. § 181 BGB Selbstkontrahierungsverbot, Aussage- und Zeugnisverweigerungsrecht naher Angehöriger und im Falle der Selbstbelastung) mutet er dem Bürger bei der Erhebung von Steuern Handlungen zu, die sich unmittelbar gegen diesen selbst richten und damit zwangsläufig zu einem psychischen Notstand führen. Dieser Zwang geht sogar so weit, dass der Bürger Tatsachen zu offenbaren hat, die für ihn strafrechtliche Konsequenzen haben. Von dieser Verpflichtung ist er erst dann entbunden, wenn gegen ihn ein strafrechtliches Ermittlungsverfahren eingeleitet wird und die strafrechtliche Verfolgung bereits ihren Gang genommen hat.

Die Mitwirkungspflicht nach § 90 AO hat für den Bürger jedoch noch weitere gravierende Folgen, weil sie dem Staat ermöglicht, tatsächliche oder vermutete Defizite bei der Aufklärung von Steuersachverhalten dem Bürger anzulasten. Lässt sich ein steuerlich relevanter Sachverhalt nicht erschöpfend aufklären, so kommen neben den gesetzlichen Zwangsmitteln zur Erzwingung seiner Mitwirkung auch gesetzliche Vermutungen und Fiktionen zur Anwendung, die einen steuerpflichtigen Sachverhalt einfach unterstellen. Ein Beispiel hierfür ist die gesetzliche Regelung, die bei einer Beteiligung an einem intransparenten Fonds einen fiktiven Ertrag von 6 Prozent jährlich unterstellt.

Eine Regelung ganz besonderer Art findet sich im deutschen Außensteuergesetz. Eine natürliche Person mit Wohnsitz oder gewöhnlichem Aufenthalt im Inland ist nach dem deutschen Steuerrecht unbeschränkt steuerpflichtig, das heißt sie unterliegt grundsätzlich mit ihrem *weltweit erzielten Einkommen* der deutschen Einkommensteuer bzw. der Körperschaftsteuer. Verlegt ein Bürger seinen Wohnsitz ins Ausland, so scheidet er aus dieser unbeschränkten Steuerpflicht aus und ist nur noch mit Einkünften aus in Deutschland gelegenem Vermögen steuerpflichtig (sog. beschränkte Steuerpflicht). Dieser Verlust an Steuereinnahmen war aus *fiskalischer* Sicht höchst unerwünscht. Deshalb wurden mit dem im Jahr 1976 in Kraft getretene Außensteuergesetz diese für den Fiskus negativen Folgen verhindert bzw. reduziert.

Nach der Regelung des deutschen Außensteuergesetzes ist ein Bürger, der Deutschland auf Dauer verlässt und auswandert, dem deutschen Steuersystem noch weitere zehn Jahre unterworfen, so dass er neben seinen steuerlichen Verpflichtungen in seiner neuen Heimat weiterhin auch dem *deutschen Fiskus* zur Zahlung von Steuern verpflichtet ist. Darüber hinaus hat er bei der Beteiligung an einer Kapitalgesellschaft ein Besteuerungsverfahren über sich ergehen zu lassen, bei dem ein fiktiver Verkauf der Beteiligung unterstellt wird und der sich dabei ergebende fiktive Gewinn der Steuer unterworfen wird. Nicht selten hat dies zur Folge, dass ein Bürger der z. B. in die USA auswandert, gezwungen ist, seine Beteiligung an einem Familienunternehmen *tatsächlich* zu verkaufen, weil er die bei der fiktiven Besteuerung anfallenden Steuern anders nicht bezahlen kann. Dies gilt sogar dann, wenn das Familienunternehmen seinen Sitz schon bisher in dem Staat hatte, in welchen nun auch der Wohnsitz verlegt wird.

Um diese Regelung rechtssystematisch einordnen zu können, ist folgender Exkurs in die theoretischen Grundlagen unseres Rechtssystems hilfreich:

Das Steuerrecht ist als Teilgebiet des öffentlichen Rechts vom Subordinationsprinzip geprägt, in dem das Verhältnis Staat – Bürger als ein Über- und Unterordnungsverhältnis definiert und ausgestaltet ist. Die Institutionen, welche hoheitliche Gewalt ausüben können, werden dabei „*Hoheitsträger*" genannt, während der Bürger zum „*Steuerpflichtigen*" wird. Unverkennbar ist, dass dieses Prinzip seine Wurzeln im absolutistischen Obrigkeitsstaat hat, in dem der Regent über seine Untertanen herrschte. Insofern trägt auch unser heutiges Steuersystem noch die Handschrift des Obrigkeitsstaates.

Die vorgenannten Bestimmungen des Außensteuergesetzes gehen über eine obrigkeitsstaatliche Regelung jedoch weit hinaus. Bei einer Einordnung dieser Regelung in einen historischen Kontext, drängt sich der Vergleich mit der mittelalterlichen Leibeigenschaft auf. Anders lässt sich ein Sachverhalt, der die Bürger eines Staates nach dem Ausscheiden aus dem Gemeinwesen *weiterhin* in finanzielle Haftung nimmt und als Tribut für die Freilassung Steuern fordert, die auf einem rein fiktiven Sachverhalt basieren, nicht charakterisieren.

Indes stellt eine solche Steuer in der Geschichte Deutschlands kein Novum dar. Ende 1931 trat per Verordnung des Reichspräsidenten der Weimarer Republik eine so genannte "Reichsfluchtsteuer" in Kraft. Wer seinen Wohnsitz in Deutschland aufgab und ein Vermögen von mindestens 200.000 Reichsmark oder ein Jahreseinkommen von 20.000 Reichsmark hatte, musste ein Viertel seines Vermögens an den Staat zahlen. Die für eine Ausreise erforderliche Unbedenklichkeitsbescheinigung wurde erst dann erteilt, wenn der Eingang der Zahlung vom Finanzamt bescheinigt worden war.

Nach der Ernennung Hitlers zum Reichskanzler waren von dieser Reichsfluchtsteuer vor allem die Bürger jüdischen Glaubens betroffen, die Deutschland verlassen wollten. Vor allem auf sie zielte eine 1934 vorgenommene Verschärfung ab, die sich in weiteren Gesetzesänderungen bis 1942 stetig steigerte. Die bereits vor der Machtergreifung Hitlers durch *das demokratische Gesetz von 1931* eingeführte Reichsfluchtsteuer ermöglichte der Reichsfinanzverwaltung die Ausplünderung der deutschen Juden bis zu deren Deportierung in Ghettos und Vernichtungslager.

Der Vollständigkeit halber sei noch angemerkt, dass der europäische Gerichtshof ein französisches Gesetz mit ähnlichem Inhalt wie das deutsche Außensteuergesetz als europarechtswidrig qualifiziert hat. Dies erfolgte jedoch nur deshalb, weil durch eine solche Regelung die im EU-Raum postulierte Freizügigkeit eingeschränkt wurde. Um eine solche Qualifizierung für das *deutsche* Außensteuergesetz zu vermeiden, wurde das Gesetz dahingehend ergänzt, dass bei einer Emigration in *Länder der EU* die aus dem Außensteuergesetz resultierende Steuer zinslos gestundet (!) wird.

Anders als von staatlichen Repräsentanten beschönigend behauptet wird, sind vom deutschen Außensteuergesetz nicht nur so genannte „Steuerflüchtlinge" betroffen. Betroffen sind vielmehr auch alle Bürger, die nach der Pensionierung ihren Lebensabend in einem anderen Land verbringen möchten und daran durch die finanziellen Belastungen des Außensteuergesetzes gehindert werden.

Gegenstand der bisherigen Ausführungen waren hauptsächlich die *steuerlichen* Gesetze. Neben diesen in ihrer Tendenz überwiegend bürgerfeindlichen Gesetzen hat die Finanzrechtsprechung zudem ein weiteres Arsenal an Grundsätzen entwickelt, die ausschließlich *zum Nachteil* des Bürgers gehen.

Wie Präsident Mellinghoff in seinem eingangs erwähnten Vortrag anmerkte, gilt im Steuerrecht der Grundsatz „im Zweifel für den Bürger". Dieser Grundsatz gilt in allen Rechtsbereichen, in denen der Staat in die Sphäre des Bürgers eingreift. Dazu zählt sowohl das Strafrecht („im Zweifel für den Angeklagten") als auch die öffentlich-rechtliche Eingriffsverwaltung, die auch das Steuerrecht umfasst.

Der Grundsatz „im Zweifel für den Bürger" kommt seltsamerweise nur bei Zweifeln in Bezug auf den zu entscheidenden *Sachverhalt* zum Tragen, also nur dann, wenn in Frage steht, ob der Sachverhalt, an den eine bestimmte gesetzliche Folge geknüpft wird, überhaupt vorliegt. Bestehen dagegen Zweifel darüber, ob der gesetzliche Regelungsbereich einen bestimmten Sachverhalt *erfasst*, d. h., ob nach dem Willen des Gesetzgebers eine gesetzlichen Regelung (auch) auf diesen Sachverhalt Anwendung finden soll, so kommt der Grundsatz im „Zweifel für den Bürger" nicht zum Tragen. In diesen Fällen, die in der Praxis vermutlich noch häufiger auftreten als Zweifel am Vorliegen eines Sachverhalts, kommt die hohe Kunst der juristischen

Gesetzesauslegung zum Zuge. Hierzu stehen dem Juristen eine Reihe von Auslegungsregeln zur Verfügung, die von der Rechtswissenschaft entwickelt wurden und teilweise zu konträren Ergebnissen führen. Ein fundamentaler Systemmangel, der in der Rechtswissenschaft nicht einmal thematisiert ist, besteht jedoch darin, dass es weder eine verbindliche Rangordnung für diese Auslegungsregeln gibt, noch ein System, das verbindlich festlegt, welche Auslegungsregel in welchem Fall anzuwenden ist. Lediglich für das Steuerrecht scheint sich bei den Finanzgerichten ein Auslegungssystem dahingehend etabliert zu haben, dass jeweils diejenige Auslegungsregel anzuwenden ist, die dem Fiskus das höchste Steueraufkommen beschert. Denn nur durch diese sarkastische Vermutung lässt sich erklären, dass nur drei Prozent der Finanzgerichtsprozesse zugunsten der Bürger entschieden werden.[*]

In den seltenen Fällen, in denen eine finanzgerichtliche Entscheidung zu Gunsten des Bürgers ergeht,

---

[*] Laut einer Erhebung des Finanzgerichts Köln aus dem Jahr 2008 wurde bei 4301 Klageverfahren in 121 Urteilsfällen dem Klageantrag voll stattgegeben.

reagiert die Finanzverwaltung häufig mit einem so genannten Nichtanwendungserlass. Mit solchen Erlassen weist die Finanzverwaltung ihren gesamten Behördenapparat an, dass einzelne Entscheidungen des Bundesfinanzhofes auf gleichgelagerte Fälle nicht angewendet werden dürfen. Alle Fälle, denen ein gleichartiger Sachverhalt zugrunde liegt, werden von den Finanzbehörden damit gezielt anders behandelt, wie dies von dem für Steuerfragen zuständigen höchsten Gericht festgelegt wurde. Während die (unteren) Finanzgerichte an die Entscheidung des Bundesfinanzhofes gebunden sind, wird der Steuerverwaltung einmal mehr eine Sonderrolle eingeräumt, die eklatant gegen das Rechtsstaatsprinzip und damit gegen die Grundfesten unserer Verfassung verstößt. Anzumerken ist hierzu, dass nach Artikel 20 Absatz 4 des Grundgesetzes der Widerstand gegen solche Verfassungsverstöße legal und geboten ist.

Die Rechtsanwendung im steuerlichen Bereich vollzieht sich tendenziell auf allen Stufen *zu Ungunsten* des Bürgers. Ein vom Parlament verabschiedetes Steuergesetz wird von der obersten Finanzverwaltung zunächst durch so genannte Steuerrichtlinien interpretiert und ausgelegt. Diese bereits auf spezifische Fragen und Sachverhalte eingehende Gesetzesauslegung ist für die praktische Tätigkeit der Finanzbehörden bindend. Zu speziellen Sachverhalten werden vom Bundesfinanzministerium oder von den Länderfinanzministerien außerdem so genannte Steuererlasse ausgearbeitet, die für die nachgeschalteten Behörden ebenfalls bindend sind. Entgegen der missverständlichen Bezeichnung beinhalten diese Steuererlasse nicht etwa den Erlass einer Steuer, sondern regeln lediglich, wie ein Gesetz aus Sicht der Finanzverwaltung auszulegen ist.

Sowohl die Steuerrichtlinien als auch die Steuererlasse sind naturgemäß einseitig auf die fiskalischen Interessen ausgerichtet. Obwohl sie keine Gesetzeskraft besitzen, sondern nur innerdienstliche Anweisungen darstellen, entfalten sie bereits dadurch eine normative Wirkung, dass auch der Bürger und sein steuerlicher Berater bestrebt sind, sich verwaltungskonform zu verhalten. Dadurch sollen kostspielige gerichtliche Auseinandersetzungen vermieden werden, die nur in drei Prozent der angestrengten Finanzgerichtsklagen Erfolg versprechen. In höchstem

Maße ärgerlich und bürgerfeindlich ist dabei, dass die Finanzverwaltung das Bestreben des Bürgers, seine steuerlichen Angelegenheiten der Gesetzesauslegung der Finanzverwaltung anzupassen, auch noch massiv blockiert, indem sie die so genannte verbindliche Auskunft nur gegen Zahlung von *Gebühren* erteilt. Eine verbindliche Auskunft wird von den Finanzämtern dann erteilt, wenn die steuerliche Beurteilung eines *geplanten* Sachverhaltes unklar ist und für den Bürger im Hinblick auf die erheblichen steuerlichen Auswirkungen ein besonderes Interesse besteht, vom Finanzamt Auskunft darüber erhalten, wie es diesen Sachverhalt steuerlich behandeln wird. Will der Bürger hierüber Sicherheit erlangen, muss er nicht nur seinen steuerlichen Berater bezahlen, sondern auch noch an das Finanzamt Gebühren entrichten.

Der Umstand, dass nur drei Prozent der Finanzgerichtsprozesse zu Gunsten des Bürgers entschieden werden, hat noch weiter reichende Folgen, welche die Rechtsposition des Bürgers zusätzlich verschlechtern. Die Finanzgerichte stellen in den 97 Prozent der Fälle, in denen sie einen zu entscheidenden Sachverhalt als steuerpflichtig deklarieren, lediglich fest, dass der ihnen vorgelegte Sachverhalt in den *Bereich* einer Steuernorm fällt. Sie vermeiden dabei jedoch, *die Grenze* der Steuernorm zu markieren und aufzuzeigen, wann ein Sachverhalt (noch) in den *steuerfreien* Bereich fällt. Deshalb kann die Finanzverwaltung auf eine immer größer werdende Anzahl *steuerpflichtiger* Sachverhalte verweisen und im Wege der Analogie wieder weitere Sachverhalte in den steuerpflichtigen Normbereich einbeziehen. Damit wird der Anwendungsbereich einer Steuernorm tendenziell immer mehr erweitert. Dies führt dazu, dass die Steuergesetze in ihrer praktischen Anwendung oft auf solche Sachverhalte erweitert werden, die der Gesetzgeber ursprünglich gar nicht im Blick hatte, oder bei denen nach gesundem Menschenverstand eine Besteuerung völlig unangemessen erscheint.

Beispiele dafür, dass die Finanzgerichte Sachverhalte besteuern, bei denen die Erhebung von Steuern völlig verfehlt ist und damit einen nicht legitimierten Eingriff in das Vermögen der Bürger darstellen, sind zahlreich. Denn solche nicht legitimierten Eingriffe liegen auch dann vor, wenn nach exakter juristischer Einordnung ein Steuertatbestand zwar erfüllt ist, die wirtschaftliche Situation des Bürgers de facto aber keine Vermögensmehrung aufweist, aus der die vom Staat geforderte Steuer bezahlt werden könnte. Nicht zuletzt ergibt sich diese Konsequenz als Umkehrschluss aus dem vom Fiskus vertretenen „Prinzip der Leistungsfähigkeit". Da die steuerliche Dogmatik die Leistungsfähigkeit des Bürgers als einzigen Grund zu nennen vermag, um die (höhere) Steuerbelastung des Bürgers zu rechtfertigen, ist die Leistungsfähigkeit Voraussetzung einer jeden Steuernorm. Die in den Steuergesetzen enthaltenen Tatbestandsmerkmale sind demgegenüber lediglich als Indizien und Anhaltspunkte für das Vorliegen der Leistungsfähigkeit anzusehen. Liegt das ungeschriebene Tatbestandsmerkmal der Leistungsfähigkeit im konkreten Einzelfall offensichtlich nicht vor, so kann ein solcher Vorgang nicht der Steuer unterworfen werden.

Dieser Grundsatz wird von der Steuerrechtsprechung häufig missachtet, wie an den folgenden Beispielen deutlich wird:

- Schenkt ein Vater seiner Tochter eine Immobilie, die er in den letzten zehn Jahren erworben hat und übernimmt die Tochter dabei das restliche Anschaffungsdarlehen, dann hat der Vater eine etwaige Wertsteigerung der Immobilie als Spekulationsgewinn zu versteuern, obwohl ihm die Wertsteigerung der Immobilie nicht zugutekommt und sein Vermögen durch die Weggabe der Immobilie sogar gemindert wird.

- Lässt ein Kapitalanleger seine Zinsen bei einem betrügerischen Gläubiger (Schneeballsystem) als Wiederanlage stehen, dann hat er die Zinsen auch dann zu versteuern, wenn er weder die Zinsen noch sein Kapital zurück erhält.

- Verzichtet ein Gesellschafter-Geschäftsführer auf seinen Pensionsanspruch gegen eine Abfindung, so hat er an Stelle der tatsächlich erhaltenen Abfindung einen höheren fiktiven Betrag zu versteuern. Dieser bemisst sich danach, *wie viel er bei einer Versicherung zu bezahlen hätte*, um die erloschenen Pensionsansprüche zu erwerben.

Ein von der Rechtsprechung entwickeltes Dogma, das in der Praxis ganz erhebliche Auswirkungen zeitigt und für unzählige Finanzgerichtsprozesse verantwortlich ist, stellt das steuerliche *Rückwirkungsverbot* dar. Dieses Verbot besagt, dass eine *rückwirkende* Gestaltung eines Sachverhalts steuerlich nicht anerkannt wird, obwohl sie nach zivilrechtlichen Regeln durchaus zulässig ist und auch rechtliche Wirkung hat. Wenn etwa ein Mietvertrag vom Mieter und Vermieter einvernehmlich rückwirkend beendet und die bereits bezahlte Miete zurückbezahlt wird, dann wird dies steuerlich ignoriert, mit der Folge, dass der Vermieter die zurück bezahlte Miete trotzdem zu versteuern hat.

Wie aus dem vorausgehenden Beispiel ersichtlich ist, führt diese steuerliche Übung *zwangsläufig* zu Ergebnissen, die im Widerspruch zur Realität stehen. Für das Dogma des steuerlichen Rückwirkungsverbotes gibt es <u>keine</u> gesetzliche Grundlage. Es wurde von der Finanzverwaltung wohl deshalb „erfunden" um zu unterbinden, dass der Bürger eine für ihn nachteilige steuerliche Gestaltung rückgängig machen kann. Dem Bürger wird also nur deshalb die Korrektur eines

Fehlers versagt, weil der Staat auf die hieraus resultierende Steuer nicht verzichten will. Dies ist vor allem deshalb unverständlich, weil nach der gesetzlichen Regelung des § 175 AO ein rückwirkendes Ereignis sogar die Bestandskraft *bereits erfolgter* Steuerveranlagungen durchbricht und die Besteuerung dann rückwirkend zu korrigieren ist.

Die destruktive Wirkung des steuerlichen Rückwirkungsverbots hat noch eine andere weitreichende Folge. Diese besteht darin, dass es durch die auch für Fachleute kaum mehr beherrschbare Komplexität unseres Steuersystems häufig vorkommt, dass rechtliche Gestaltungen steuerliche Wirkungen verursachen, die von den Beteiligten und deren steuerlichen Beratern nicht vorausgesehen werden. In solchen Fällen läge es nahe, einen Vertrag rückwirkend in der Weise aufzuheben, dass er von Anfang an keinerlei Wirkung entfaltet und bereits erhaltene Leistungen zurück gewährt werden. Eine solche einvernehmliche Vereinbarung der Vertragsparteien ist nach zivilrechtlichen Grundsätzen problemlos möglich. Finanzverwaltung und Finanzgerichte versagen einer solchen Vereinbarung jedoch die steuerliche Anerkennung mit der Folge, dass der Bürger die nicht vorhergesehenen steuerlichen Folgen einer Rechtshandlung auch dann zu tragen hat, wenn diese wieder rückgängig gemacht wird. Die Folge dieser Steuerpraxis ist eine Flut finanzgerichtlicher Prozesse. Diese wären vermeidbar, wenn das unsinnige Dogma des steuerlichen Rückwirkungsverbots beseitigt würde.

Für die vorgenannten Auswüchse unseres Steuersystems gibt es keine sachliche Rechtfertigung; sie sind ausschließlich von dem Bestreben geleitet, von dem Bürger möglichst viel an Steuern abzuschöpfen und erfolgen nach der Maxime „der Zweck heiligt die Mittel". Aus der ursprünglichen Zweckbestimmung eines Staatswesens, den Bürger bei der Daseinsvorsorge zu unterstützen, erwächst ihm damit eine zusätzliche Belastung und Beschwernis.

Steuerhinterziehung

Um den Bürger zu motivieren, einen großen Teil seines hart verdienten Geldes an den Staat abzugeben, bedurfte es seit jeher mehr als guter Worte und Appelle an seine gesellschaftliche Verpflichtung. Deshalb hat der Staat seinem Anspruch auf das Geld seiner Bürger dadurch Nachdruck verliehen, dass er jegliches Verhalten, das den Steueranspruch gefährdet, rigoros wie folgt sanktioniert:

§ 370 Abgabenordnung (AO)

Mit Freiheitsstrafe bis zu fünf Jahren oder mit Geldstrafe wird bestraft, wer den Finanzbehörden oder anderen Behörden über steuerlich erhebliche Tatsachen unrichtige oder unvollständige Angaben macht, die Finanzbehörden pflichtwidrig über steuerlich erhebliche Tatsachen in Unkenntnis lässt oder pflichtwidrig die Verwendung von Steuerzeichen oder Steuerstemplern unterlässt und dadurch Steuern verkürzt oder für sich oder einen anderen nicht gerechtfertigte Steuervorteile erlangt. Steuer-

hinterziehung kann in besonders schweren Fällen mit Haft bis zu zehn Jahren geahndet werden.

Erstaunlich ist an vorstehender Strafnorm, dass sie trotz einem Strafmaß von zehn Jahren nicht im Strafgesetzbuch sondern in der Abgabenordnung angesiedelt ist und deshalb juristisch als in einem Nebengesetz geregeltes Nebenstrafrecht gilt. Der Grund hierfür liegt wohl darin, dass die im Strafgesetzbuch aufgeführten Straftatbestände nach geschützten Rechtsinteressen in Form von so genannten Rechtsgütern gegliedert sind. Für den Straftatbestand der Steuerhinterziehung besteht unter den Juristen jedoch kein Einvernehmen darüber, welches Rechtsgut durch diese Strafnorm geschützt wird. In der juristischen Dogmatik besteht seit fast einem Jahrhundert nach der 1919 erfolgten erstmaligen Normierung in § 359 der Reichsabgabenordnung über diese essentielle Frage immer noch keine Klarheit. Obwohl das Merkmal der Steuerunehrlichkeit in dem 1977 reformierten § 370 AO abschließend positiv-rechtlich erfasst werden sollte, besteht heute nicht einmal Einigkeit darüber, ob auch bei Kenntnis der

Behörde von der Unrichtigkeit der Steuererklärung eine Steuerhinterziehung vorliegt.

Uneinigkeit besteht auch hinsichtlich aller weiteren Merkmale der Strafnorm. Dies beginnt bei der Frage, ob es sich um ein Tätigkeits- oder Erfolgsdelikt handelt, und setzt sich bei der Frage fort, ob ein Verletzungs- oder Gefährdungsdelikt vorliegt, bis hin zu der Frage, ob eine Täuschungsabsicht bei leichtfertiger Tatbegehung überhaupt möglich ist. Zur Vermeidung von Ungereimtheiten, die sich bei der Subsumtion der vielgestaltigen Lebenssachverhalte unter den Gesetzeswortlaut ergeben, wird die Gesetzesnorm von den Juristen um so genannte ungeschriebene Tatbestandsmerkmale ergänzt. Trotz aller divergierenden Meinungen über den dogmatischen Hintergrund der Strafnorm sind sich die Juristen darüber einig, dass die strafrechtliche Ahndung der Steuerhinterziehung auch dann erforderlich ist, wenn der Täter im herkömmlichen Sinn *kein* Rechtsgut verletzt hat.

Ähnlich ergebnisorientiert ist die Rechtsprechung. Sie erklärt zum Rechtsgut des § 370 AO einfach das öffentliche Interesse des Staates am Steueraufkommen.

Da diese weitgehende Definition des Rechtsguts völlig beliebig ist und *alle* Maßnahmen und Gesetze des Staates schützt, egal, ob sie berechtigt, gerecht oder ungerecht sind, handelt es sich dabei nicht wirklich um ein Rechtsgut. Der Zweck des § 370 AO beschränkt sich vielmehr auf die Ahndung von bloßem Verwaltungsungehorsam.

Da der Bürger einen Verstoß gegen bloße staatliche Interessen weniger gravierend einstuft als etwa einen Diebstahl, wird die Steuerhinterziehung wesentlich häufiger begangen als alle Eigentumsdelikte. Deshalb muss die Einhaltung der Steuergesetze mit einer drastischen Strafandrohung erzwungen werden, die in keinem Verhältnis zum Unrechtsgehalt der Steuerhinterziehung steht.

Offensichtlich verfehlt ist es dabei, den Unrechtsgehalt der Steuerhinterziehung an dieser Strafandrohung zu messen und den falschen Schluss zu ziehen, dass die Steuerhinterziehung deshalb kein Kavaliersdelikt sei, weil sie mit fünf bzw. zehn Jahren Freiheitsentzug geahndet wird. Wie der Unrechtsgehalt der Steuerhinterziehung tatsächlich einzuschätzen ist, wird im

Folgenden noch näher beleuchtet werden. Sicher ist indes, dass sich der Unrechtsgehalt einer strafbaren Handlung nicht nach der Strafandrohung bemisst, sondern umgekehrt. Würde der Unrechtsgehalt einer Tat von der positivrechtlichen Strafandrohung abgeleitet, dann wäre den sexuellen Handlungen, die zwischen Männern *vor* Abschaffung der Strafnorm des § 175 StGB im Jahr 1994 ausgeübt wurden, auch noch aus heutiger Sicht ein Unrechtsgehalt beizumessen. Dasselbe gilt für zahlreiche Strafandrohungen in Gesetzen des Dritten Reichs und der ehemaligen DDR. Besonders deutlich wird dies am ehemaligen Straftatbestand der Republikflucht.

Nach allgemeinem Verständnis bemisst sich der Unrechtsgehalt einer Straftat danach, welche Rechtsgüter dabei verletzt werden. Für die Eigentumsdelikte besteht dabei die nachstehende (absteigende) Rangfolge:

- Raub (Verletzung des Eigentums und/oder des Besitzes unter körperlicher Gewaltanwendung)

- Diebstahl (Verletzung des Eigentums und Besitzes)

- Unterschlagung (Verletzung des Eigentums)

- Veruntreuung (Verletzung des wirtschaftlichen Eigentums)

- Betrug (mittelbare Verletzung des Besitzes und/oder des Eigentums)

Nicht strafbar ist nach unserer Rechtsordnung, wenn einer rechtlichen Zahlungsverpflichtung nicht nachgekommen wird. So bleibt z. B. der Käufer eines Autos straffrei, wenn er den Kaufpreis nicht bezahlt, obwohl er vom Verkäufer den Kaufgegenstand erhalten hat und damit auf dessen Kosten bereichert ist.

Will man für die Steuerhinterziehung eine Einordnung in dieses Wertungssystem vornehmen, so sind folgende Umstände zu berücksichtigen:

- Der Täter erfüllt nicht die vom Staat auferlegte Pflicht, Angaben über seine Einkommens-

> verhältnisse zu machen, oder er macht hierzu falsche Angaben.
> - Hierdurch wird der Staat gehindert, seinen Steueranspruch gegen den Täter geltend zu machen.

Bezüglich der letztgenannten Tatkomponente ist festzustellen, dass dem Staat kein Besitz und kein Eigentum vorenthalten wird, sondern lediglich ein *schuldrechtlicher Anspruch*. Dieser Verlust ist nicht anders einzuordnen wie die unterlassene *Erfüllung* eines solchen Anspruchs. Da die Nichterfüllung schuldrechtlicher Ansprüche strafrechtlich *irrelevant* ist, gilt diese Wertung auch dann, wenn dem Staat ein Steueranspruch entgeht.

Bezüglich der Nichterfüllung der Erklärungspflicht bzw. der Falscherklärung ist zunächst festzustellen, dass es sich um keine Tat handelt, die der Täter aus freien Stücken selbst initiiert, wie dies in der Regel bei einem Betrug der Fall ist. Vielmehr befindet er sich in einer Zwangssituation. Diese ergibt sich aus seiner *Verpflichtung*, eine Steuererklärung abzugeben. Außerdem befindet sich der Täter in einem massiven

Interessenkonflikt. Dieser resultiert daraus, dass er Angaben machen soll, die für ihn unmittelbar nachteilig sind, weil er damit sein Vermögen schmälert. Unterlässt der Täter in einer solchen Notsituation die Abgabe einer Erklärung oder macht er falsche Angaben, so kann diesem Verstoß kein gesteigerter Unrechtsgehalt beigemessen werden. Denn von einer unter Zwang abgegebenen Erklärung kann naturgemäß nur bedingt erwartet werden, dass sie der Wahrheit entspricht. Wirkt sich die Erklärung der unter Druck gesetzten Person auch noch zu deren Nachteil aus, so ist eine solche Erwartung wohl eher unrealistisch.

Obwohl die Steuerhinterziehung häufig auch als *Steuerbetrug* bezeichnet wird, ist die damit verbundene kriminelle Energie in keiner Weise mit dem typischen Betrugsdelikt vergleichbar.

Zu keinem anderen Ergebnis bezüglich des Unrechtsgehalts einer Steuerhinterziehung führt auch das unzulässige Argument, die Steuerhinterziehung gefährde das Steueraufkommen des Staates und damit die Erfüllung wichtiger Gemeinschaftsaufgaben. Eine solche Argumentation ist schon deshalb inakzeptabel, weil sie implizit davon ausgeht, dass das Gemeinschaftsinteresse einen höheren Stellenwert genießt als das partikulare Interesse eines Bürgers. Ein solches Staatsverständnis, das in der Regel totalitäre Staatsformen kennzeichnet, ist unserem Grundgesetz nicht immanent. Nach den Erfahrungen des Dritten Reiches haben die Väter unserer Verfassung bewusst darauf verzichtet, den Gemeinschaftsinteressen gegenüber dem Einzelinteresse eine Vorrangstellung einzuräumen. So ist in Artikel 14 des Grundgesetzes, in dem das Eigentum gewährleistet und seine Sozialpflichtigkeit betont wird, ausdrücklich normiert, dass eine Enteignung nur gegen Entschädigung zulässig ist und dabei die Interessen der Beteiligten gerecht abzuwägen sind. Den Interessen der Allgemeinheit wird dabei keinerlei Vorrang eingeräumt.

Außerdem bedient sich das Argument, der Staat werde durch die Steuerhinterziehung gehindert, seine Gemeinschaftsaufgaben wahrzunehmen, der nicht zulässigen Fiktion, dass die zu bewertende Handlung von einer *Vielzahl* von Bürgern vorgenommen wird. Der Wertung unterliegt damit nicht die konkrete

Einzeltat des Täters, sondern ein konstruierter Sachverhalt, der real nicht vorliegt. Mit einer solchen Argumentation könnte jedem Bürger einer Stadt das Betreten des Marktplatzes *generell* verwehrt werden, da eine Panik ausbrechen würde, wenn sich *alle* Bürger gleichzeitig auf dem kleinen Marktplatz versammeln würden. Mit einer solchen Argumentation könnte den Bürgern auch verboten werden, um 10 Uhr ihre Hände zu waschen, da hierdurch die Wasserversorgung zusammenbrechen könnte.

Des Weiteren ist eine solche Argumentation auch deshalb unzulässig, weil bei der Vorenthaltung von Geld in Form von Steuern ausschließlich die konkrete Tat der Wertung unterliegt und es unzulässig ist, über einen konstruierten oder entfernten Kausalzusammenhang dem Täter rein fiktive oder weitläufige Folgen seiner Handlung zuzurechnen. So bleibt die Zahlungsverweigerung eines Schuldners auch dann straffrei, wenn der Gläubiger hierdurch Kopfschmerzen bekommt oder mangels finanzieller Mittel auf eine lebensrettende Operation verzichten muss. Würde bei der Wertung einer Handlung auf so weit reichende und spekulative Folgen abgestellt, könnte sich der

Steuerhinterzieher unter Berufung auf den Bundesrechnungshof auch mit dem unwiderlegbaren Argument exkulpieren, dass der hinterzogene Steuerbetrag vom Staat ohnehin *nicht* für Zwecke des Gemeinwohls verwendet worden wäre, sondern für solche Zwecke, die vom Bundesrechnungshof als *Steuerverschwendung* angeprangert werden.

Auf den Punkt gebracht, besteht der Schuldvorwurf gegen den Steuerhinterzieher schlicht darin, dass er sich weigert, bei seiner Enteignung aktiv mitzuwirken. Deshalb stellt sich die Frage, ob ein Steuersystem, das jeden Bürger zwangsläufig einem solchen Interessenkonflikt aussetzt, mit rechtsstaatlichen Grundsätzen zu vereinbaren ist. Wie bereits eingangs dargelegt wurde, ist unsere Rechtsordnung in allen außersteuerlichen Bereichen bemüht, einen solchen Interessenkonflikt zu vermeiden bzw. den besonderen Umständen Rechnung zu tragen, wenn ein Interessenkonflikt unvermeidbar vorliegt. So wird z. B. ein Gefängnisausbruch in Deutschland und Österreich nicht bestraft. Der Grund hierfür liegt darin, dass der Gesetzgeber bereits seit 1880 die Meinung vertritt, die „Selbstbefreiung" müsse straffrei bleiben, da sie dem natürlichen Freiheitstrieb des Menschen entspricht und dieser ein Recht auf Freiheit hat.

Sowohl die Selbstbefreiung als auch die Steuerhinterziehung stellen eine Auflehnung gegen notwendige staatliche Maßnahmen dar. Dennoch wird ein Strafgefangener, der sich widerrechtlich seine Freiheit verschafft, von Strafe verschont, weil sich der Entzug der Freiheit gegen einen elementaren Drang und ein elementares Recht richtet. Bei der Steuerhinterziehung weigert sich der Täter, sein mühsam erarbeitetes Geld, an dem ihm das originäre Eigentumsrecht zusteht, an den Staat abzugeben. Auch hier ist die Frage zu stellen, ob die dem Bürger auferlegte Verpflichtung, bei seiner Enteignung aktiv mitzuwirken, elementare menschliche Regungen missachtet und eine Verweigerung deshalb natürlich erscheint.

Der Staat nimmt auf derlei Umstände keinerlei Rücksicht. Er beschafft sich seine Einnahmen durch ein Steuersystem, das darauf basiert, dass der Bürger sich mit seinen Angaben und Erklärungen selbst beschwert. Einem so konzipierten Steuersystem ist a priori die Legitimation abzusprechen. Statt

Steuersünder zu jagen sollte der Staat seine Einnahmen wie bei der Umsatzsteuer und den anderen Verkehrssteuern aus unvermeidbaren Abgaben erheben. Dadurch könnte vermieden werden, dass der Bürger einem dauerhaften Interessenkonflikt ausgesetzt ist und ständig Gefahr läuft, sich strafbar zu machen.

Dem Steueraufkommen des Staates wird eine so hohe Wertigkeit beigemessen, dass seine Beeinträchtigung massiv strafbewehrt ist. Es ist deshalb erstaunlich und inkonsequent, dass ein außergewöhnlich hoher Beitrag zu diesem Steueraufkommen völlig ungewürdigt bleibt und ein Bürger, der im Vergleich zum Durchschnitt ein Vielfaches an Steuern entrichtet, hierfür keinerlei Anerkennung erfährt. Dies soll nicht bedeuten, dass die Bezahlung eines bestimmten Steuerbetrages automatisch mit der Verleihung des Bundesverdienstkreuzes honoriert werden sollte. Durchaus zu erwarten wäre jedoch, dass ein solcher Umstand zumindest dann Berücksichtigung findet, wenn ein Bürger dem Vorwurf ausgesetzt ist, durch unkorrekte Angaben das Steueraufkommen beeinträchtigt zu haben.

Dass solche Gedankengänge in unserer Neidkultur weder in die gesellschaftliche Diskussion einfließen noch bei den Gerichten aufkommen, beweist der in den Jahren 2008 und 2009 verhandelte Prozess gegen Klaus Zumwinkel, den ehemaligen Vorsitzenden der Deutschen Post AG. Dem Angeklagten wurde vorgeworfen, Steuern in Höhe von knapp einer Million Euro hinterzogen zu haben. Er wurde zu einer Bewährungsstrafe von zwei Jahren und einer Geldauflage von einer Million Euro verurteilt.

Wie das Urteil in der Öffentlichkeit aufgenommen wurde, kommentiert Rolf-Herbert Peters in einer Stern- Ausgabe vom Januar 2009 wie folgt:

„Und dennoch wird Kritik an dem nicht gerade laschen Zumwinkel-Urteil aufbrausen. Ungerecht, wird es heißen, die Kleinen hängt man, die Großen lässt man laufen. Viele würden Zumwinkel am liebsten hinter Gittern sehen - stellvertretend für eine vermeintlich skrupellose, gierige Managerzunft. Des Volkes Zorn tobt jedoch außerhalb rechtstaatlichen Denkens: Beim Bochumer Prozess ging es eben nicht um eine Sippenstrafe für Wirtschaftslenker.

Zumwinkel ist auch nicht vorbestraft, hat niemanden getötet oder vergewaltigt. Er hat das Finanzamt betrogen, wie es nach Expertenschätzungen Millionen Deutsche in unterschiedlichem Maße tun (und er hat übrigens im strafrelevanten Zeitraum rund zehnmal mehr Steuern gezahlt als hinterzogen). Für das Vergehen wird er bestraft.“

Dieser Kommentar weist treffend darauf hin, dass nahezu alle öffentlichen Diskussionen über einen aktuellen Fall der Steuerhinterziehung von klassenkämpferischen Emotionen begleitet werden. Der Täter erfährt im Grunde nicht deshalb die gesellschaftliche Missbilligung, weil er Steuern hinterzogen hat, sondern deshalb, weil er reich ist. Zutreffend weist der Kommentator darauf hin, dass Zumwinkel zehnmal mehr Steuern bezahlt hat, als von ihm hinterzogen wurden. Zumwinkel hat damit trotz der Steuerverkürzung immer noch mehr Steuern bezahlt als alle seine Kritiker und Ankläger. Doch die Bezahlung von Steuern ist in unserem Land offensichtlich ein Tribut, das den Reichen auferlegt ist, um gesellschaftlich überhaupt geduldet zu werden.

Wenn der Täter einer Steuerhinterziehung trotz der Hinterziehung immer noch viel mehr Steuern bezahlt hat als der durchschnittliche Bürger, dann tritt das Dilemma der steuerlichen Strafnorm klar und deutlich hervor. Dieses Dilemma resultiert letztlich aus dem eingangs aufgezeigten Umstand, dass der progressiven Besteuerung jegliche Rechtfertigung fehlt. Aus diesem Grund bleibt unklar, worin der Unrechtsgehalt der Steuerhinterziehung liegen soll, wenn ein Bürger bereits überdurchschnittlich viel Steuern bezahlt hat. Besteht der Vorwurf in der Verschleierung des tatsächlichen Einkommens oder in der damit bewirkten Minderung des Steueraufkommens? Sollte der Unrechtsgehalt in Letzterem liegen, dann kann nicht ignoriert werden, dass ein Täter trotz der Steuerhinterziehung in ungewöhnlich hohem Umfang zum Steueraufkommen beigetragen und seine Hinterziehung damit mehr als kompensiert hat. Liegt der Unrechtsgehalt in der Falschangabe, dann ist einer Steuerhinterziehung des Rentners im Umfang von 1000 Euro derselbe Unrechtsgehalt beizumessen wie einer Steuerhinterziehung von einer Million Euro.

Um den Wahrheitsgehalt der vorerwähnten Volksweisheit „Die Kleinen hängt man, die Großen lässt man laufen", zu bestätigen oder zu widerlegen, wird im Folgenden von einem Rentner ausgegangen, der neben seiner bescheidenen Rente noch Mieteinnahmen in Höhe von 10.000 Euro jährlich aus einer Eigentumswohnung bezieht. Weiter wird im Folgenden von einem Geschäftsführer ausgegangen, der ebenfalls Mieteinnahmen von 10.000 Euro im Jahr erzielt.

Sowohl der Rentner als auch der Geschäftsführer haben versäumt, die Mieteinnahmen zu deklarieren und stehen deshalb unter dem Vorwurf der Steuerhinterziehung. Die dabei hinterzogene Steuer beläuft sich für den Rentner auf ca. 1.000 Euro Steuer. Dem Geschäftsführer wird aus demselben Sachverhalt wegen der höheren Progression vorgeworfen, ca. 5.000 Euro Steuern hinterzogen zu haben. Der Rentner erhält eine Geldstrafe von 10 Tagessätzen zu 50 Euro und hat damit eine Strafe von 500 Euro zu entrichten. Der Geschäftsführer erhält eine Geldstrafe von 50 Tagessätzen zu 300 Euro und hat damit eine Strafe von 15.000 Euro zu entrichten. Ob diese eklatante Ungleichbehandlung dem Gleichheitsgebot des

Grundgesetzes entspricht, erscheint in höchstem Maße fraglich. Bezüglich der unterschiedlichen finanziellen Konsequenzen könnte man die zweifelhafte Ansicht vertreten, dass hierdurch nur der Einkommensunterschied der Täter kompensiert werde. Diese Ungleichbehandlung kann jedoch zu weiteren, völlig inakzeptablen Konsequenzen führen, wenn wegen der Strafhöhe ein Eintrag in das Strafregister droht oder gar die Aussetzung einer Freiheitsstrafe auf Bewährung in Frage gestellt wird. Die in einer Talk-Show von dem Verleger und Publizisten Jakob Augstein geäußerte Meinung, "unser Steuersystem bevorteilt Leute, die Geld haben, zu Lasten von Leuten, die kein Geld haben", erweist sich damit als eine Verdrehung der Tatsachen, die rein populistisch motiviert ist. Besonders fatal ist dabei, dass solche Desinformationen über publizistische Medien verstreut werden, die ein Millionen-Publikum erreichen.

Vor allem bei den Strafverfolgungsbehörden kann von einer Bevorzugung von Personen, die vermögend sind, keine Rede sein. Vielmehr haben es sich diese zur Aufgabe gemacht, die Steuersünder in großem Stile aufspüren und schrecken hierbei auch vor *kriminellen* Mitteln nicht zurück. So wurden von deutschen Behörden seit dem Jahre 2006 bis zum heutigen Tag immer wieder kriminell erworbene Kundendaten Schweizer und Liechtensteinischer Banken angekauft. Obwohl die Daten in diesen Ländern unbestritten durch rechtswidrige und strafbare Handlungen erworben wurden, sollen diese Ankäufe nach offizieller Wertung in Deutschland unter keinen der zehn ernsthaft in Betracht kommenden Straftatbestände fallen. So wurde eine Strafbarkeit dieser Handlungen unter anderem aus folgenden Gründen verneint:

- Die Daten seien keine körperliche Sache, sodass keine Hehlerei vorliege,

- Eine Begünstigung nach § 257 StGB liege deshalb nicht vor, weil dem Dieb durch den Ankauf der Daten kein Vorteil seiner Tat gesichert werde, sondern der Vorteil mit dem vereinbarten Kaufpreis erst verschafft werde,

- Eine strafbare Tat nach § 17 I UWG, § 27 StGB liege deshalb nicht vor, weil der Ankäufer zuvor eine rechtliche Würdigung vorgenommen habe. Dabei sei er zu dem Ergebnis gelangt, dass der Ankauf rechtmäßig sei. Unter den derzeitigen Umständen sei deshalb das Vorliegen eines unvermeidbaren Verbotsirrtums zu bejahen.

Ob die Datendiebe die für ihre Beute vom deutschen Staat erhaltenen Zahlungen ordnungsgemäß versteuert haben, ist nicht bekannt. Von den Behörden wurde lediglich mitgeteilt, dass bei *einer* der Transaktion in Höhe von fünf Millionen Euro ein Steuerbetrag von einer Million Euro einbehalten worden sei. Dies entspricht einem Steuersatz von 20 Prozent und liegt damit erheblich unter dem von Rechts wegen anzusetzenden Steuersatz von 45 Prozent. Die Steuerbehörden, die diesen Ankauf getätigt hatten, haben damit bei einer Steuerhinterziehung in Millionenhöhe als Mittäter mitgewirkt oder hierzu Beihilfe geleistet.

Der Ankauf kriminell erworbener Bankdaten ist ein Fehlverhalten, das unserem Staat die Qualifikation als Rechtsstaat entzieht. Der Staat handelt dabei nach der kulturell, ethisch und moralisch missbilligten Maxime

„Der Zweck heiligt die Mittel" und führt diese vor allem im Dritten Reich bemühte Rechtfertigung des Unrechts zu neuer Akzeptanz und Verbreitung. Henrik M. Broder ist deshalb uneingeschränkt beizupflichten, wenn er unseren Staat in der Weise charakterisiert, dass er seine Bürger wegen unrichtiger steuerlicher Angaben bestraft, aber selbst Rechts- und Vertrauensbruch begeht.

Die bei der Jagd nach Steuersündern von den Strafverfolgungsbehörden praktizierte Überschreitung der Grenzen des Rechts ist eine Erscheinung, die psychologisch erklärbar ist. Leider kommt diese auch bei anderen Lebenssachverhalten, wie beispielsweise beim Unterschieben falscher Beweise durch die Polizei vor. Nicht nachvollziehbar ist dabei jedoch, dass diese aus dem Übereifer einzelner Beamter initiierten Taten von anderen Staatsorganen und insbesondere von der Gerichtsbarkeit gedeckt werden. Unbegreiflich ist des Weiteren, dass für die durch kriminelle Handlungen gewonnenen Beweise kein Verwertungsverbot besteht. Der Makel und der immaterielle Schaden, der durch eine solche Praktik unserem Staatswesen zugefügt

wird, ist um ein Vielfaches größer als das von Steuer-
hinterziehern begangene Unrecht.

Selbstanzeige

Die juristische Dogmatik erklärt die Möglichkeit der Selbstanzeige als Korrelat zu der Verpflichtung des Bürgers, bei der Steuererhebung aktiv mitzuwirken. Sie anerkennt damit indirekt, dass sich der Bürger durch die Steuergesetze in einer Zwangssituation befindet, die bei anderen Straftaten nicht gegeben ist.

Durch die Selbstanzeige kommt ein Steuerhinterzieher in den Genuss der Straffreiheit, wenn bestimmte Voraussetzungen erfüllt sind. Da die Begriffe „Selbstanzeige, Steuerhinterzieher und Straffreiheit" suggerieren, dass ein höchst kriminelles Geschehen vorliege, sei darauf hingewiesen, dass es hier, neben der *vorsätzlichen* Steuerhinterziehung, auch um den ganz banalen Sachverhalt geht, in dem beim Erstellen der Steuererklärung ohne böse Absicht steuerlich relevante Daten schlicht *vergessen* wurden. Bemerkt der Bürger beim Erstellen der Steuererklärung im Folgejahr den Fehler des Vorjahres, dann ist er verpflichtet, diesen Fehler nachträglich zu berichtigen. Damit diese Pflicht zur Berichtigung der Steuererklärung nicht zur Pflicht mutiert, sich selbst der

Bestrafung auszuliefern, wurde das Institut der strafbefreienden Selbstanzeige geschaffen.

Die in § 371 AO geregelte Selbstanzeige hat folgenden Wortlaut:

(1) Wer gegenüber der Finanzbehörde zu allen unverjährten Steuerstraftaten einer Steuerart in vollem Umfang die unrichtigen Angaben berichtigt, die unvollständigen Angaben ergänzt oder die unterlassenen Angaben nachholt, wird wegen dieser Steuerstraftaten nicht nach § 370 bestraft.

(2) Straffreiheit tritt nicht ein, wenn

1. bei einer der zur Selbstanzeige gebrachten unverjährten Steuerstraftaten vor der Berichtigung, Ergänzung oder Nachholung

a) dem Täter oder seinem Vertreter eine Prüfungsanordnung nach § 196 bekannt gegeben worden ist oder

b) dem Täter oder seinem Vertreter die Einleitung des Straf- oder Bußgeldverfahrens bekannt gegeben worden ist oder

c) ein Amtsträger der Finanzbehörde zur steuerlichen Prüfung, zur Ermittlung einer Steuerstraftat oder einer Steuerordnungswidrigkeit erschienen ist oder

2. eine der Steuerstraftaten im Zeitpunkt der Berichtigung, Ergänzung oder Nachholung ganz oder zum Teil bereits entdeckt war und der Täter dies wusste oder bei verständiger Würdigung der Sachlage damit rechnen musste oder

3. die nach § 370 Absatz 1 verkürzte Steuer oder der für sich oder einen anderen erlangte nicht gerechtfertigte Steuervorteil einen Betrag von 50.000 Euro je Tat übersteigt.

Die Möglichkeit der steuerlichen Selbstanzeige steht unter Dauerkritik, weil eine desinformierte Öffentlichkeit fälschlicherweise davon ausgeht, der Zweck dieser Norm bestehe in der *Schonung* der Steuerhinterzieher. Es verwundert dabei nicht, dass die Öffentlichkeit keine Kenntnis über den eingangs erwähnten dogmatischen Hintergrund dieser Norm besitzt und die Medien eher den Neidkomplex bedienen, als in diesem Sinne aufzuklären. Unverständlich ist jedoch die Unfähigkeit der Bürger, zu erkennen, dass durch die Möglichkeit der Selbstanzeige dem Staat Steuereinnahmen und Zinsen zufließen, die ihm sonst auf Dauer vorenthalten blieben.

Dies wird besonders deutlich durch das im März 2014 abgeschlossene Gerichtsverfahren gegen Uli Hoeneß. Obwohl Hoeneß seine Selbstanzeige nur deshalb erstattet hat, weil er befürchtete, dass seine Tat durch die Zeitschrift "Stern" in Kürze aufgedeckt werde, ist nicht sicher, ob es wirklich zu einer Tatentdeckung durch die Behörden gekommen wäre.

Sicher ist indes, dass die Strafverfolgungsbehörden bei Einleitung eines Strafverfahrens auf der Basis *eigener* Ermittlungen den Tatumfang nur bruchstückhaft und rudimentär ermittelt hätten, so dass die nachweisbare Steuerhinterziehung möglicherweise unter dem Betrag von einer Million Euro geblieben und Hoeneß damit der Vollzug einer Freiheitsstrafe erspart geblieben wäre. Außerdem hätte Hoeneß Steuer- und Zinsnachzahlungen von weit über 30 Millionen Euro gespart. Diese Vermutung ist deshalb naheliegend, weil die Staatsanwaltschaft trotz der Selbstanzeige von Hoeneß und der damit verbundenen Aufdeckung seiner Konten nicht in der Lage war, während der vierzehnmonatigen Ermittlungszeit den Betrag der hinterzogenen Steuern auch nur annähernd zu ermitteln. Während Hoeneß vor Gericht einräumte, 27,2 Millionen Euro Steuern hinterzogen zu haben, belief sich der Tatvorwurf der Staatsanwaltschaft lediglich auf einen Hinterziehungsbetrag von 3,5 Millionen Euro. Diese enorme Diskrepanz zwischen Tatvorwurf und tatsächlichem Sachverhalt ist vermutlich darauf zurückzuführen, dass selbst die Staatsanwaltschaft nicht in der Lage war, aus den Erträgen, die aus den Bankdepots von Hoeneß erzielt wurden, die hierin enthaltenen steuerpflichtigen Erträge zutreffend zu ermitteln.

Die Besteuerung von Kapitalerträgen war bis zur Novellierung des Einkommensteuergesetzes im Jahr 2009 so komplex und unübersichtlich, dass es bei der

Vielzahl von Transaktionen die im Depot von Hoeneß stattfanden, selbst für Spezialisten nahezu unmöglich war, diese steuerlich korrekt zu erfassen. Entgegen der laienhaften Vorstellung waren keineswegs *alle* Kapitalerträge steuerpflichtig. Vielmehr wurde unterschieden zwischen:

- Kapitaleinkünften die voll steuerpflichtig waren,

- Kapitalerträgen die zur Hälfte steuerpflichtig waren,

- Wertpapierveräußerungen, die steuerfrei waren, wenn sie außerhalb der einjährigen Spekulationsfrist veräußert wurden,

- Wertpapierveräußerungen, die steuerfrei waren, wenn der Erwerb vor einem speziellen Stichtag erfolgte,

- Aktienverkäufen, deren Veräußerungsgewinn zur Hälfte steuerpflichtig war.

Die Einordnung eines jeden einzelnen Depotertrages in die richtige Steuerkategorie ist äußerst schwierig, weil dabei zunächst ermittelt werden muss, unter welche Kategorie das Wertpapier einzuordnen ist, das den Ertrag erzielt hat. Da es mehrere Tausend verschiedene Wertpapiere gibt, gleicht diese Aufgabe einer Detektivarbeit. Diese Arbeit wird zudem noch dadurch erschwert, dass in den Bankauszügen die einzelnen Kontenbewegungen nur durch eine Kurzbezeichnung gekennzeichnet werden.

Bei der Ermittlung der *Steuer* auf die steuerpflichtigen Kapitaleinkünfte muss die bereits von der Bank einbehaltene Quellensteuer angerechnet werden. Auch diese Anrechnung ist mit Nachforschungen verbunden, da es folgende verschiedene Arten von Quellensteuer gibt:

- Quellensteuer, die den *Kapitalertrag* mindert,

- Quellensteuer, die auf die deutsche *Steuer* angerechnet wird,

- Quellensteuer, die nur *zum Teil* auf die deutsche Steuer angerechnet wird.

Eine noch komplexere Materie ist die Besteuerung von Optionsgeschäften, bei denen zwischen „Calls" und „Puts" zu unterscheiden ist und weiter relevant ist, ob eine Option ausgeübt wird oder nicht. Um den Leser nicht zu überfordern, wird auf die Darstellung dieser weiteren Besonderheiten verzichtet.

Wie kompliziert bereits die Besteuerung von alltäglichen Vorgängen gestaltet ist, wird am Erwerb einer ausländischen Aktie deutlich. Bei einem solchen Kauf setzt die Besteuerung bereits beim Erwerb der ausländischen *Währung* an, mit der die Aktie gekauft wird. Der Ankauf dieser Fremdwährung gilt als *Erwerbsvorgang* und die danach erfolgende Bezahlung der Aktie als *Verkauf der Fremdwährung*. Ein dabei entstehender Devisengewinn ist steuerpflichtig, ein Verlust wird mit Gewinnen verrechnet. Zur Ermittlung des Gewinns aus dem *Wertpapierverkauf* wird der Veräußerungspreis den Anschaffungskosten gegenüber gestellt. Fällt während der Haltezeit ein Wertpapier*ertrag* an, so ist dieser ebenfalls zu versteuern. Soweit ein solcher Ertrag thesauriert wurde, ist der Veräußerungsgewinn der Aktie um den thesaurierten Gewinn zu berichtigten. Die Gutschrift des Veräußerungserlöses in der ausländischen Währung gilt wieder als Devisenerwerb. Der Umtausch der ausländischen Währung in Euro stellt eine Veräußerung dar. Dem dabei erzielte Ertrag werden die Anschaffungskosten der Fremdwährung gegenüber gestellt, um den Devisengewinn oder Verlust zu berechnen. Der bei den vorgenannten Erwerbs- und Veräußerungsvorgängen jeweils erzielte Gewinn war bis zur Gesetzesnovellierung nur dann steuerpflichtig, wenn die Frist zwischen Ankauf und Verkauf unter einem Jahr lag. Entsprechendes gilt für den Verlust, der nur dann mit steuerpflichtigen Gewinnen verrechnet werden konnte, wenn der Verkauf innerhalb der Jahresfrist erfolgte.

Der Besteuerungsvorgang beim Erwerb einer ausländischen Aktie zeigt nicht nur, wie komplex die Besteuerung bis zur Gesetzesnovellierung gestaltet war. Sie zeigt auch, dass diese Besteuerung in höchstem Maße *willkürlich* war und damit gegen das Gebot der Steuergerechtigkeit verstieß. Außerdem kann einem Bürger nur schwer vermittelt werden, dass ein Gewinn, den er *nach* einjähriger Haltefrist erzielt hat, *steuerfrei* ist, während er wegen der unterlassenen Versteuerung des selben Gewinns, den er lediglich einen Tag früher erzielt hat, einem Bankräuber gleich gestellt wird.

Die bei den Kapitaleinkünften auch noch heute bestehende Komplexität der Steuerermittlung hat zur Folge, dass die Strafverfolgungsbehörden auf die Offenlegung aller relevanten Unterlagen und damit auf die Mitwirkung des Steuerpflichtigen dringend angewiesen sind. Deshalb bringt das Institut der Selbstanzeige dem Staat durchaus Vorteile, während es für Herrn Hoeneß zweifellos günstiger gewesen wäre, von einer Selbstanzeige Abstand zu nehmen.

Der Machbarkeitswahn der Politiker, mit ihrem Glauben, *Alles* durch Gesetze und Verordnungen regeln zu können, verhindert jedoch, dass das Institut der Selbstanzeige in seiner gegenwärtigen Form weiter Bestand hat. Dabei lässt sich die Politik von einer Öffentlichkeit treiben, die vom Neid gegenüber allen „Reichen" geprägt ist. Mitunter ist dieser

Öffentlichkeit dabei durchaus bewusst, dass dem Staat bei einer Abschaffung der Selbstanzeige erhebliche Einnahmen entgehen. Dies wird zulasten der Steuerzahler jedoch gerne in Kauf genommen, da die Abstrafung der „Reichen" offenbar höhere Priorität genießt.

Dieselbe unverantwortliche Einstellung und Motivation liegt der im Jahr 2012 erfolgten *Ablehnung* eines Steuerabkommens mit der Schweiz zugrunde, die im Bundesrat durch die von SPD und Grünen dominierten Bundesländer erzwungen wurde. Der Inhalt dieses Steuerabkommens bestand darin, dass die Schweizer Banken von allen Vermögensanlagen deutscher Bürger bis zu 41 Prozent an den deutschen Fiskus hätten abführen müssen. Damit wären die in der Vergangenheit aufgelaufenen Steuern abgegolten gewesen. Auch für alle *zukünftig* anfallenden Erträge aus den Vermögensanlagen deutscher Bürger wären die Schweizer Banken nach dem Steuerabkommen verpflichtet gewesen, wie in Deutschland 25 Prozent Steuern an den deutschen Fiskus abzuführen. Dies hätte auch für alle jene Konten gegolten, deren Inhaber weiterhin anonym geblieben wären.

SPD und Grüne begründeten ihre Ablehnung hauptsächlich mit dem Argument, dass der von den Kapitalanlegern für die Vergangenheit abzuführende Steuersatz zu niedrig sei. Diese Begründung war jedoch nur vorgeschoben. Denn die von der SPD und den Grünen geführte Vorgängerregierung hatte im Jahr 2004 eine Steueramnestie bereits zum Preis von 25 Prozent des Schwarzgeldes gewährt, ohne dass damit die ordnungsgemäße Versteuerung der Kapitalerträge für die Zukunft sicher gestellt war, wie dies im Steuerabkommen mit der Schweiz vorgesehen war.

Die tatsächlichen Gründe für die Ablehnung des Abkommens waren jedoch andere als die öffentlich bekundeten Motive. Ein wesentlicher Grund für die Ablehnung des Steuerabkommens mit der Schweiz war die Erwartung, dass sich die Schweiz nicht länger der Forderung entziehen kann, wie sämtliche Staaten der EU, einem unbegrenzten Austausch und Zugriff der Behörden auf alle Bankdaten von EU-Bankkunden zuzustimmen. Vorrangiges Ziel war also nicht die Erhebung der Steuer auf im Ausland erzielte Kapitalerträge, sondern die Etablierung des gläsernen Bürgers, dessen Vermögenssituation dem Staat uneingeschränkt offen zu legen ist. Da Deutschland nicht über die technischen Mittel und Instrumente verfügt, die dem US-Geheimdienst NSA zur Verfügung stehen, soll dieses Ziel durch legale Gesetze erreicht werden. Die Durchsetzung dieses Ziels wäre in die Ferne gerückt, wenn dem deutschen Staat die Steuern aus den Vermögensanlagen seiner Bürger in der Schweiz in einer Weise zugeflossen wären, die eine finanzielle Entblößung der Kapitalanleger vermieden hätte. Denn dann hätte der Plan einer völligen Aufhebung der informationellen Selbstbestimmung des Bürgers nicht mehr hinter finanziellen Interessen des Staates versteckt werden können.

Ein weiterer Grund von SPD und Die Grünen für die Ablehnung des Steuerabkommens mit der Schweiz lag zweifellos auch darin, sich vor der anstehenden Bundestagswahl von den Regierungsparteien abzugrenzen und bei einer möglichst breiten Bevölkerungsschicht auf Stimmenfang zu gehen. Die genannten Parteien verhielten sich damit genau nach dem Muster, das sie bei anderen Parteien regelmäßig als populistisch bezeichnen.

Um wieder auf die Voraussetzungen der strafbefreienden Selbstanzeige zurück zu kommen, so wurden diese zwischenzeitlich ein weiteres Mal verschärft. Für diejenigen Berufsgruppen wie Steuerberater, Rechtsanwälte, Finanzbeamte, Richter etc., die mit dem Institut der Selbstanzeige besonders befasst sind, erweisen sich insbesondere zwei Tatbestandskriterien als problematisch, deren Vorliegen in der Praxis nie mit letzter Sicherheit feststellbar ist. Gemeint ist die strafbefreiende Voraussetzung, dass die Tat noch nicht *entdeckt* sein darf und die weitere Voraussetzung, dass die Selbstanzeige *vollständig* ist und *alle* hinterzogenen Einkünfte der letzten zehn Veranlagungsjahre *lückenlos* umfasst.

Durch den bereits angesprochenen Hoeneß-Prozess wird exemplarisch deutlich, dass das Vorliegen dieser beiden Tatbestandsvoraussetzungen zum Zeitpunkt der Selbstanzeige oft nicht mit Sicherheit feststellbar ist und anstelle der mit der Selbstanzeige verbundenen Erwartung der *Straffreiheit* eine *Strafverurteilung* tritt. Diese ist dem Staat letztlich nur wegen der selbst erbrachten Anschuldigung möglich. Eine solche unfaire Taktik ist auch dem Täter einer Steuerhinterziehung nicht zumutbar und mit dem rechtsstaatlichen Erfordernis der *Bestimmtheit* von Gesetzen unvereinbar. Deshalb ist es auch nicht akzeptabel, dass die Nachmeldung von Einkünften, die bei der letzten Steuererklärung vergessen wurden, zu einer Bestrafung führt, wenn bei den Finanzbehörden zwischenzeitlich der Verdacht aufkommt, dass das völlige Fehlen von Einkünften die in den Vorjahren noch deklariert wurden, wohl nicht den Tatsachen entspricht.

Aber auch dann, wenn in der Steuererklärung *bewusst* falsche Angaben gemacht werden und damit eine *vorsätzliche* Steuerhinterziehung vorliegt, ist es nicht akzeptabel, wenn der Täter durch das Versprechen der Straffreiheit zu einer Selbstanzeige motiviert wird und ihm diese dann verweigert wird. Die Kritik an derartigen Missständen wird oftmals als Sympathie und Unterstützung des Steuerhinterziehers fehlgedeutet. Dabei wird verkannt, dass sich ein Staat nicht nur dadurch qualifiziert, wie er mit *gesetzestreuen* Bürger umgeht, sondern auch und gerade dadurch, wie er Bürger behandelt, die gegen das Gesetz *verstoßen* haben. Ob er diese hinrichtet,

steinigt und foltert oder ob er humane Strafen ver-
hängt und dem Täter rechtliches Gehör gewährt. Dazu
gehört auch, ob einem Täter, dem bei der Selbstanzeige Straffreiheit versprochen wurde, diese auch
tatsächlich gewährt wird, oder ob der Staat glaubt, sein
Wort brechen zu können. Geschieht Letzteres, dann
betrifft dies nicht nur den Täter, sondern irritiert auch
den gesetzestreuen Bürger. Dieser kann nicht mehr
sicher sein, ob ihm der Staat beispielsweise die für die
Zukunft versprochene Rente tatsächlich bezahlen
wird.

Verschwendung der Steuergelder

Während der Staat minutiös darüber wacht, dass ihm keine Steuereinnahmen entgehen, verhält er sich bei der Verwendung der Steuereinnahmen äußerst großzügig. Die Verschwendung von Steuergeldern, die der Staat sich leistet, wird vom Bundesrechnungshof alljährlich dokumentiert. Nachdem fast täglich neue Fälle gigantischer Verschwendung von Steuergeldern bekannt werden, die alle bisherigen in den Schatten stellen, verzichtet der Autor auf deren Aufzählung.

Die „Täter" der Verschwendung von Steuergelder wurden bislang so gut wie nie zur Rechenschaft gezogen. Ein völliges Novum ist deshalb die Verurteilung des SPD-angehörigen Ex-Finanzminister Ingolf Deubel aus Rheinland-Pfalz wegen Untreue. Seine millionenschweren Fehlentscheidungen bei der gescheiterten Finanzierung des Freizeitparks am Nürburgring wurden mit dreieinhalb Jahren Freiheitsentzug geahndet. Das nicht rechtskräftige Urteil trägt dem Umstand Rechnung, dass dem Staat geschätzte 544 Millionen Euro Steuergelder verloren gingen.

Indes ist der *Missbrauch* öffentlicher Gelder nicht das vordringlichste Problem. Der wirkliche Grund des immer größeren Finanzbedarfs unseres Staates ergibt sich vielmehr aus der nachstehenden Grafik, die aufzeigt, wie die Steuergelder im Jahr 2013 verwendet wurden.

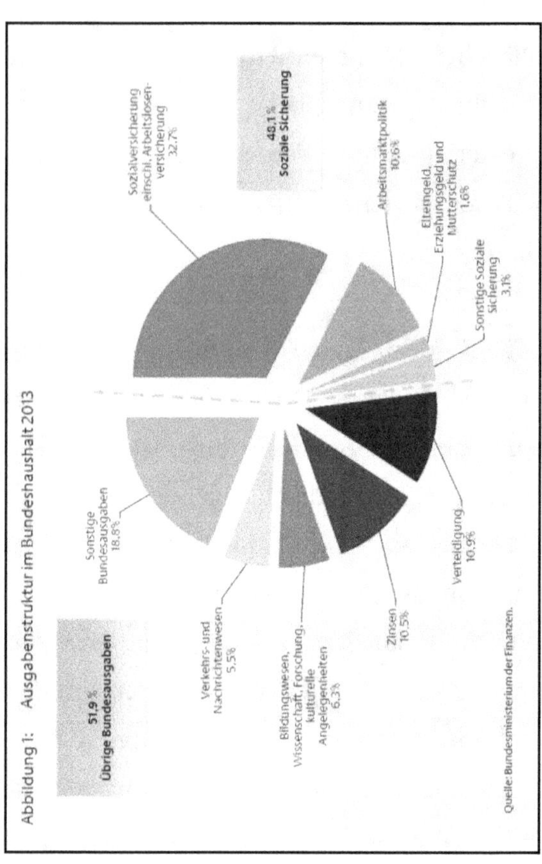

Abbildung 1: Ausgabenstruktur im Bundeshaushalt 2013

Quelle: Bundesministerium der Finanzen.

Wie aus der vom Bundesministerium der Finanzen im Februar 2013 veröffentlichten Grafik über die Ausgabenstruktur im Bundeshaushalt 2013 ersichtlich ist, werden rund 48,1 Prozent der staatlichen Finanzmittel dafür aufgewendet, um Mitbürger unseres Staates finanziell zu unterstützen oder sogar vollständig zu alimentieren. Dieser Bereich wurde vom Bundesfinanzministerium als „soziale Sicherung" gekennzeichnet und den „übrigen Bundesausgaben" gegenüber gestellt. Von diesen verbleibenden 51,9 Prozent entfallen weitere 10,5 Prozent auf den Zinsaufwand für die Bundesschulden, die ebenfalls aus den immensen Sozialausgaben resultieren.

Diese Zahlen wurden vom Bundesfinanzministerium offensichtlich deshalb veröffentlicht, weil sie dokumentieren sollen, dass Deutschland ein vorbildlicher Sozialstaat ist, der sich das Wohlergehen seiner Bürger eine Menge kosten lässt. Indes ist diese Betrachtungsweise blauäugig und blendet die finanzpolitische Realität völlig aus.

Der für diese Zahlen verantwortliche sozialpolitische Sündenfall begann mit der Verabschiedung des

Sozialgesetzbuches im Jahr 1961. Bis zu diesem Zeitpunkt erfolgte die Unterstützung bedürftiger Menschen durch die staatliche Fürsorge. Nach diesem System stand den Bedürftigen kein *Rechtsanspruch* auf die ihnen gewährte Hilfe zu. Durch das Sozialgesetzbuch des Jahres 1961 wurde den Bedürftigen erstmals ein Rechtsanspruch auf Gewährung von Sozialhilfe eingeräumt, der vor den Sozialgerichten einklagbar ist.

Diese soziale Errungenschaft wurde als Meilenstein unseres Staates auf dem Weg zum Sozialstaat gefeiert und war Vorbild für das Sozialsystem vieler Staaten in Europa. Der Fortschritt dieser Regelung wurde vor allem darin gesehen, dass der Bedürftige nicht mehr als Bittsteller auftreten musste, sondern seine Unterstützung als einen persönlichen Rechtsanspruch vom Staat einfordern konnte.

Diese für die Bedürftigen durchaus positive Änderung hatte jedoch auch eine negative Folge, die sich mit logischer Konsequenz ergab. Diese ist darin begründet, dass die Gewährung von Rechten und Ansprüchen zwangsläufig bewirkt, dass ein *anderes* Subjekt mit diesem Anspruch belastet und damit zum Schuldner wird. Für die Sozialhilfeansprüche der Bedürftigen bedeutet dies, dass der Staat und damit alle anderen Bürger, für die Erfüllung dieser Ansprüche aufzukommen haben. Bei der Etablierung des Sozialgesetzbuches im Jahr 1961 waren die Leistungen an die Bedürftigen in ihrer Gesamtheit noch so niedrig, dass die damit verbundene Problematik nicht gesehen wurde. Nicht bedacht wurde dabei offensichtlich auch die destruktive psychologische Wirkung, die eine leistungsunabhängige Verteilung von Wohltaten hervorbringt, nämlich ein stetig wachsendes Anspruchsdenken und eine sinkenden Bereitschaft, die Erfüllung der eigenen Bedürfnisse selbst in die Hand zu nehmen.

Obwohl das deutsche Volk in dem Zeitraum vom Jahr 1960 bis zum Jahr 2013 nicht ärmer geworden, sondern das Volksvermögen und das Bruttosozialprodukt um ein Vielfaches gewachsen ist, haben sich die Sozialausgaben prozentual von 20,9 Prozent des Bruttosozialproduktes im Jahr 1960 auf 48,1 Prozent im Jahr 2013 erhöht. Dabei ist zu berücksichtigen, dass ein wesentlicher Teil der Sozialausgaben des Jahres 1960 in der Unterstützung Kriegsgeschädigter bestand, sodass die um die Kriegsfolgen bereinigte Steigerung der Sozialausgaben noch wesentlich höher ausfällt.

Diese Zahlen belegen, dass die bisher betriebene soziale Gefälligkeitspolitik zu immer weiterem Anspruchsdenken führt und auch zukünftig keinerlei Einsicht erwartet werden kann, dass dieser Weg unweigerlich in einem Staatsbankrott endet. Vorläufig letzter Höhepunkt dieser Entwicklung ist die Verabschiedung des so genannten Rentenpakets, das im Wesentlichen aus einer Rentenerhöhung für Mütter besteht, deren Kinder vor dem Jahr 1992 geboren wurden und des Weiteren aus einem abschlagsfreien Rentenbezug ab dem 63. Lebensjahr für Arbeitnehmer, die 45 Beitragsjahre nachweisen können.

Nach der Berechnung des Arbeitsministeriums wird dieses Rentenpaket die Steuerzahler und Beitragszahler bis zum Jahr 2030 zusätzlich 160 Milliarden Euro kosten. Nach den Berechnungen unabhängiger Institutionen werden die Kosten sogar 233 Milliarden Euro betragen. Da durch unsere demografische Entwicklung in Zukunft jeder Rentner von nur 1,4 arbeitenden Bürgern zu finanzieren ist, gleicht eine solche Politik einem gesellschaftlichen Suizid.

Die Politik des Sozialen scheint indes noch lange nicht ihr Ziel erreicht zu haben. Nur kurze Zeit nachdem das neue Rentenpaket verabschiedet wurde, erhob die Partei Die Linke die Forderung, dass auch Harz-IV- und Sozialhilfeempfängern ein Anspruch auf eine Urlaubsreise zu gewähren sei und sie hierzu jährlich einen staatlichen Beitrag von 500 Euro erhalten sollen. Während zu erwarten gewesen wäre, dass dieser Vorschlag, zumal von den „Linken" kommend, von den anderen Parteien zurückgewiesen worden wäre, traf er bei den Mitgliedern der anderen Parteien teilweise sogar auf Zustimmung.

Diese Reaktion zeigt, dass die Akzeptanz des „Sozialen" nach wie vor ungebrochen ist und sich der Begriff im Bewusstsein der Bevölkerung durchaus mit Positivem verbindet, obwohl die im Einzelnen gewährten Sozialleistungen mehrheitlich als zu weitgehend beurteilt werden. Dieser Widerspruch resultiert daraus, dass mit dem Begriff „sozial" keineswegs die tatsächlich praktizierte Verteilung üppiger Sozialleistungen verbunden wird, sondern die moralische Verpflichtung, in Not geratenen Mitbürgern beizustehen. Dabei ist den meisten Bürgern nicht bewusst, dass unser Sozialstaatsprinzip über diese elementare Hilfsbereitschaft weit hinaus geht und sich unbemerkt zu einem *Umverteilungsinstrument* entwickelt hat. Soweit den Bürgern diese Tatsache bewusst ist, gehen sie davon aus, dass von dieser Umverteilung nur die „Reichen" betroffen sind, die es kaum belastet, einen größeren Teil ihres Einkommens abzugeben. Die Mehrzahl der Bürger, die zur Mittelschicht zu rechnen sind, weiß jedoch nicht, dass sie mit ihrem Einkommen bereits in der obersten Stufe der Progression besteuert werden und damit die Hauptlast unserer sozialen „Errungenschaften" tragen.

Damit der Bürger nicht merkt, wie kostspielig die gewährten Sozialleistungen sind und dass diese sogar mit den gegenwärtig hohen Steuereinnahmen nicht mehr finanziert werden können, werden die sich alljährlich im Bundeshaushalt ergebenden Deckungslücken nicht durch Steuererhöhungen ausgeglichen, sondern durch alljährliche Neuverschuldungen, die schließlich zu dem heutigen gigantischen Schuldenberg führten.

Doch zurück zum Bundeshaushalt. Bereits heute verbleibt nur noch ein gutes Drittel der Steuereinnahmen für diejenigen Gemeinschaftsaufgaben, die als originäre Aufgaben des Staates gelten und die noch heute genannt werden, wenn es um die Rechtfertigung von Steuererhöhungen geht. Wie bereits angemerkt wurde, soll verschleiert werden, dass die Bürger all die gewährten Sozialleistungen selbst finanzieren müssen. Deshalb fordert kein Wahlplakat jemals höhere Steuern für die Unterstützung Bedürftiger oder die Finanzierung weiterer Sozialleistungen. Stets wird vorgeschoben, dass die zusätzlichen Gelder für die Ausbildung unserer Kinder, für die Sanierung unserer Straßen und für die Aufrechterhaltung der Polizeipräsenz benötigt werden.

Am Beispiel unserer Straßen wird deutlich, wie zweckentfremdet die Steuergelder verwendet werden. Bei diesen ist nur deshalb ein Renovierungsrückstand aufgelaufen, weil der für den Straßenbau budgetierte

Betrag von 17 Milliarden Euro nicht ausreicht, um die vorhandenen Straßen instand zu halten. Erst recht reicht dieser Betrag nicht aus, um dringend benötigte neue Verkehrstrassen zu erstellen. Um die aufgelaufenen Instandhaltungsrückstände kostenmäßig auch nur teilweise abzudecken, werden Pläne über eine Straßenmaut diskutiert. Da jede Maut einen Rückfall in vergangene Jahrhunderte bedeutet, in denen Raubritter Wegzoll erhoben, ist diese prinzipiell abzulehnen. Hierbei erscheint schizophren, dass im Rahmen der Europäischen Union die Schlagbäume an den Grenzen abgebaut werden, um sie an den Straßen wieder anzubringen. Die für EU-Bürger proklamierte Freizügigkeit kann damit nur bei Bezahlung einer Maut realisiert werden.

Soweit unsere Politiker für die nachhaltige Instandhaltung unseres Straßennetzes *weitere* Finanzierungsquellen erschließen wollen, sollten sie berücksichtigen, dass bereits folgende drei Steuerquellen bestehen, durch die ausschließlich die Verkehrsteilnehmer belastet werden:

- Die Einnahmen aus der Kraftfahrzeugsteuer, die jährlich ca. fünf Milliarden Euro betragen.

- Die Einnahmen aus der Lkw-Maut, die jährlich ca. zwei Milliarden Euro betragen.

- Die Einnahmen aus der Mineralölsteuer, die jährlich ca. 48 Milliarden Euro betragen.

Den für den Straßenbau eingesetzten Finanzmitteln von 17 Milliarden Euro stehen somit 55 Milliarden Euro gegenüber, die ausschließlich von den Verkehrsteilnehmern aufgebracht werden. Nicht eingerechnet ist dabei die Umsatzsteuer.

Bemerkenswert ist dabei, dass die Umsatzsteuer entgegen einer steuerlichen Grundregel *zusätzlich* auch auf die Mineralölsteuer erhoben wird, wodurch der Bürger mit einer Steuer auf die Steuer belastet wird. Der Fiskus erhält damit widerrechtlich weitere 9 Milliarden Euro an zusätzlichem Steueraufkommen. Auch mit diesem Betrag sind ausschließlich die Verkehrsteilnehmer belastet.

Vor diesem Hintergrund ist es geradezu grotesk, die Verkehrsteilnehmer mit zusätzlichen Abgaben belasten zu wollen. Soweit behauptet wird, dass die aktuellen Mautpläne wegen der vorgesehenen Reduzierung der Kraftfahrzeugsteuer zu *keiner* finanziellen Mehrbelastung der Verkehrsteilnehmer führen, fragt sich, von wem die zu erwartenden Mehreinnahmen dann erbracht werden. Der Verweis, dass damit auch die *ausländischen* Verkehrsteilnehmer zur Kasse gebeten werden, genügt dabei keineswegs, da mit diesen Mehreinnahmen die mit der Mauterhebung anfallenden Verwaltungs- und Bürokratiekosten finanziert werden müssen.

Bei der Diskussion über die Finanzierung des Straßenbaus wird von Politikern in der Regel darauf verwiesen, dass Steuereinnahmen nicht zweckgebunden zu verwenden sind. Richtig ist dabei, dass Steuereinnahmen nicht in dem Bereich verwendet werden müssen, aus dem sie generiert wurden, sondern in einen gemeinsamen Steuertopf fließen. Richtig wäre es dann auch, aus diesem Topf die Kosten des Verkehrswesens zu finanzieren und nicht durch weitere Sonderumlagen auf die Verkehrsteilnehmer. Dies gilt umso mehr, wenn von diesen bereits ein Vielfaches der Verkehrskosten in den gemeinsamen Topf eingebracht wird.

Um auf die ausufernden Sozialausgaben zurück zu kommen, so bestehen erhebliche Zweifel, ob der Staat für die von ihm wahrgenommenen Aufgaben, die weit über den Kernbereich der Gemeinschaftsaufgaben hinausgehen und einen gigantischen finanziellen Einsatz erfordern, überhaupt einen Auftrag und eine Legitimation besitzt. Anders formuliert, stellt sich die Frage, ob der Zweck des Staates darin zu sehen ist, diejenigen Aufgaben gemeinschaftlich zu lösen, die der Einzelne nicht zu lösen vermag, oder ob sein Mandat darin besteht, das Einkommen seiner Bürger mit Hilfe des Steuersystems umzuverteilen. Ob der Staat zu Letzterem legitimiert ist, lässt sich *nicht* damit begründen, dass die Sozialgesetze durch demokratische Mehrheitsentscheidungen zustande gekommen sind. Denn diese Einzelgesetze entfalten erst in ihrer *Gesamtheit* den Effekt einer Umverteilung, sodass über diese Konsequenz bei der Verabschiedung der einzelnen Gesetze nicht abgestimmt wurde. Die Funktion des Staates wurde damit gravierend verändert, ohne dass hierüber eine explizite demokratische Entscheidung getroffen wurde.

Nachdem unsere Verfassung Werte wie das Eigentum und das Erbrecht unter ihren besonderen Schutz stellt, darf dieser Schutz auch nicht dadurch umgangen werden, dass der Staat den Erwerb und die Schaffung von Eigentum und Vermögen essentiell behindert. Da der Bürger mehr als die Hälfte seines Einkommens für die Umverteilung abzugeben hat, sind große Teile der Bevölkerung gar nicht mehr in der Lage, sich Eigentum und Vermögen zu verschaffen. Die Steuerpolitik ist damit auf dem Weg, den verfassungsmäßigen Schutz des Eigentums heimlich und schleichend auszuhebeln. Dies geschieht durch eine Instrumentalisierung der Begriffe Gleichheit und Gerechtigkeit. Über den Inhalt und die Bedeutung dieser Begriffe besteht kein gesellschaftlicher Konsens, sodass die verschiedenen ideologischen Strömungen unserer Gesellschaft diese Werte beliebige interpretieren können.

Gleichheit wird vom Grundgesetz als Gleichheit „vor dem Gesetz" postuliert. Daraus wurde nahezu unbemerkt und ohne breitere Diskussion der erweiterte Gleichheitsbegriff der *Chancengleichheit* abgeleitet. Bereits diese Erweiterung führte zu nachstehender weitreichender Folge:

Neben der Verpflichtung des Staates, bei der Gesetzgebung und der Anwendung des Rechts dem Gebot der Gleichheit Rechnung zu tragen, fällt ihm die zusätzliche Aufgabe zu, sich aktiv um alle Bereiche des sozialen Lebens zu kümmern. Dabei hat er dafür zu sorgen, dass dem Prinzip der Chancengleichheit auch in den Beziehungen der Bürger untereinander Rechnung getragen wird. Dies ist naturgemäß nur durch einen Eingriff in die Privatautonomie der Bürger und eine Beschränkung der klassischen Bürgerrechte möglich. Ein Beispiel hierfür ist der Erlass des Allgemeinen Gleichstellungsgesetzes (Antidiskriminierungsgesetz). Dieses verbietet es jedem Bürger, bei der Anstellung einer Haushaltshilfe Auswahlkriterien anzuwenden, durch die sich ein Bewerber diskriminiert fühlen könnte.

Dieses als Chancengleichheit verstandene Gleichheitsprinzip, das bereits über die von der Verfassung garantierte Gleichheit vor dem Gesetz hinausgeht, wird zunehmend von einem *noch* weitergehenden und radikaleren Gleichheitsverständnis verdrängt. Nach dieser Vorstellung bedeutet Gleichheit die tatsächliche, reale und faktische Herstellung der Gleichheit aller Bürger. Wo der liebe Gott die Talente unter den Menschen ungerecht verteilt hat, soll der Staat verpflichtet sein, diesen Fehler zu korrigieren und für alle Menschen unabhängig von dem persönlichen Beitrag und der eigenen Mitwirkung des Einzelnen für alle Menschen gleiche Lebensverhältnisse herzustellen. Um dieses Ziel zu erreichen, werden Quotenregelungen für Frauen, Behinderte und Bürger mit Migrationshintergrund eingeführt. Außerdem fordern gesellschaftliche Gruppen, die ihre Randposition in der Gesellschaft selbst gewählt haben, die Beseitigung der mit dieser Randposition verbundenen Nachteile. Schließlich erfinden Gutmenschen Konzepte wie beispielsweise die Inklusion. Deren Ziel ist es, geistig behinderte Kinder im Klassenverbund zusammen mit normal veranlagten Kindern zu unterrichten, obwohl diese Unterrichtsform keineswegs dem intellektuellen

Aufnahmevermögen der Kinder entspricht und ihnen ihre Defizite erst richtig bewusst macht.

Die Forderung nach totaler Gleichheit wird dazu führen, dass das Volk mit einer einheitlichen Bürgerrente beglückt wird und jeder Mensch das Recht hat, seine Nase auf Kosten der Krankenkasse der jeweiligen Idealform anzupassen. Von der Gleichmacherei wird lediglich das Steuersystem verschont bleiben, das, entgegen dem Postulat der Gleichheit, weiterhin auf dem Prinzip der Leistungsfähigkeit beruhen wird.

Auf die langfristigen Konsequenzen dieses gesellschaftlichen Umbaus soll hier nicht näher eingegangen werden. Festzuhalten ist lediglich die unbestreitbare Tatsache, dass all diese Konzepte mit einem enormen finanziellen Aufwand verbunden sind und der Staat dadurch gezwungen sein wird, noch mehr Steuern zu erheben. Eine solche Umgestaltung unseres Gemeinwesens übertrifft bei weitem den in den siebziger Jahren erfolgten Umbau zum Sozialstaat. Fraglich bleibt, ob der Staat dazu demokratisch legitimiert ist. Sicher ist indes, dass eine Mehrheit der

Bürger diese Transformation unserer gesellschaftlichen Basiswerte ablehnt. Folglich schwindet auch die Akzeptanz unseres Staates und die Bereitschaft der Bürger dessen Ziele finanziell zu unterstützen, sodass der Staat es als nötig erachtet, durch eine stetige Verschärfung der Steuergesetze die Einhaltung der Steuerehrlichkeit zu erzwingen.

Diese Entwicklung verläuft schleichend und unmerklich, ohne dass sie öffentlich diskutiert und die gegensätzlichen Standpunkte ausgetragen werden. Der Grund hierfür liegt nicht zuletzt darin, dass bei einer solchen Diskussion auch Probleme anzusprechen wären, deren Artikulierung als Verstoß gegen die Zensur der „Political Correctness" gilt.

Ob ein Gemeinwesen, das den Einzelnen von jeglicher Eigenverantwortung entbindet und die Sorge um sein leibliches und seelisches Wohl der Allgemeinheit aufbürdet, überhaupt finanziert werden kann, ist nicht nur fraglich, sondern nach den Erfahrungen der letzten Jahrzehnte schlichtweg zu verneinen. Fast alle Demokratien der westlichen Welt haben mit einer solchen Politik Staatsschulden angehäuft, deren

Schuldendienst sie nicht mehr finanzieren können. Der Staatsbankrott dieser Staaten wird derzeit nur dadurch vermieden, dass die US-Notenbank FED und die Europäische Zentralbank EZB die Zinsen praktisch auf null gesenkt haben und ständig neues Geld zinslos an die Banken ausgeben, damit diese die Staatsschulden finanzieren können.

Nachdem die Erträge aus Finanzanlagen unter der Inflationsrate liegen, verursacht diese Geldpolitik eine enorme Vermögensvernichtung. Institutionen, bei denen der Bürger sein Erspartes zur Altersvorsorge angelegt hat, wozu Lebensversicherungen, Rentenversicherungen, betriebliche Altersversorgungen und berufsständische Versorgungseinrichtungen gehören, kämpfen um ihre Zahlungsfähigkeit. Dem Staat ist diese Entwicklung gleichgültig. Der Grund hierfür ist, dass das Prinzip der gesetzlichen Rentenversicherung sowie der Beamtenversorgung ohnehin nicht nach solider kaufmännischer Gepflogenheit auf einer Rücklagenbildung basiert, sondern in höchst unsolider Weise auf der Verlagerung der Lasten in die Zukunft und damit auf die kommenden Generationen. Die vorhandenen Staatsschulden, die trotz wirtschaftlicher Prosperität täglich weiter ansteigen, besitzen bereits heute eine Dimension, die eine moralische Verfehlung gegenüber unseren Nachkommen ist. Während im Bereich der Umwelt auf Schonung der Ressourcen und Nachhaltigkeit gesetzt wird, hinterlassen wir unseren Kindern im monetären Bereich desaströse Verhältnisse, die zwangsläufig zu gesellschaftlichen Konflikten führen werden. Soll die Staatsform der Demokratie auch in Zukunft Bestand haben, ist es dringend geboten, durch neue und wirksame Regeln zu verhindern, dass sich die Unterprivilegierten mit ihrer Stimmenmehrheit wie in einem Selbstbedienungsladen immer mehr staatliche Alimentation zubilligen und die Parteien großzügig soziale Leistungen verteilen, um wiedergewählt zu werden. Während die Herrschaftsform der Monarchie den nachfolgenden Generationen wenigstens Schlösser hinterlassen hat, hinterlässt die Herrschaftsform der Demokratie allenthalben gigantische Schuldenberge.

Veruntreuung der Steuergelder

Ein ebenso unheilvoller Prozess, der insbesondere von den etablierten Parteien, den politischen Akteuren und den Medien vorangetrieben wird, ist die Demontage unseres Staates zugunsten der Utopie einer Europäischen Union. Dabei ist schon die kurze Geschichte der Europäischen Währungsunion eine Geschichte von nicht eingelösten Versprechen, Rechtsbrüchen und Lügen. Mag man dies noch als Geburtswehen in Kauf nehmen, so bleibt die Tatsache, dass das Konzept der EU nicht nur auf tönernen Füßen steht, sondern wie ein Luftschloss vom Boden der Realität losgelöst ist.

Das Konzept der EU besteht allen Ernstes darin, 28 Staaten, die verschiedene Kulturen, verschiedene Sprachen, verschiedene Vergangenheit, verschiedene Interessen, verschiedene Stadien der Industrialisierung, unterschiedliche wirtschaftliche Potenz und Kompetenz und vor allem völlig verschiedene Mentalitäten besitzen, in ein gemeinsames Staatskorsett zu zwängen. Einzige Gemeinsamkeit für 18 der 28 Staaten ist die zwangsweise verordnete gemeinsame

Währung, die wegen Missachtung elementarer volkswirtschaftlicher Prinzipien bereits in der kurzen Zeit ihres Bestehens in vielen Staaten zu wirtschaftlichen Problemen, sozialen Verwerfungen, Massenarbeitslosigkeit und drohendem Staatsbankrott geführt hat.

Anstatt aus diesem Desaster richtige und adäquate Konsequenzen zu ziehen, wird das Hirngespinst EU von seinen Befürwortern beharrlich und noch vehementer verteidigt. Dabei behaupten die Befürworter der Europa-Utopie teilweise sogar, dass der Friede in Europa nur durch den Zusammenschluss der europäischen Staaten zur EU gewährleistet werde. Falls diese Entwicklung aufgehalten werde, drohe Europa wieder ein Krieg.

Diese Argumentation ist nicht nur kindlich naiv, sondern verkehrt alle historischen Erfahrungen in ihr Gegenteil. Kindlich naiv ist diese Annahme deshalb, weil sie davon ausgeht, dass unterschiedliche Gesellschaften, die ihre kulturellen, wirtschaftlichen und mentalen Unterschiede bisher kriegerisch ausgetragen haben, allein deshalb friedfertig werden, weil ihnen ein gemeinsames Staatsgebilde übergestülpt wird. Historisch widerlegt ist diese Utopie deshalb, weil alle Vielvölkerstaaten den Keim gewalttätiger innerstaatlicher Auseinandersetzungen in sich tragen. Beispiele hierfür sind der geschichtliche Vielvölkerstaat Österreich-Ungarn, das ehemalige Jugoslawien, Nordirland, das Baskenland, Südtirol, Tschetschenien, Belgien, die Sowjetunion und nicht zuletzt die Ukraine.

Gerade am Beispiel der Ukraine zeigt sich, dass die EU keineswegs als Friedensbringer fungiert, sondern das genaue Gegenteil der Fall ist. Noch bevor die EU einen eigenständigen Staat darstellt, hat sie sich die fatale Eigenschaft von Staatsgebilden in Form des Expansionsdrangs zu Eigen gemacht. Daraus resultiert seit mehr als dreitausend Jahren Krieg und Verderben. Dieser Drang äußerte sich beim Krisenfall Ukraine in der Weise, dass die EU der Ukraine Hoffnungen machte, Mitglied der EU zu werden, um ihr Territorium noch weiter zu vergrößern. Die dadurch erfolgte Destabilisierung der Ukraine führte schließlich zu einem undemokratischen Staatsstreich und zu einer Konfrontation mit Russland, die als die schwerste Krise seit Beendigung des Kalten Krieges gilt. Der Anspruch der EU als Friedensbewahrerin Europas wurde damit bereits in ihrem Entstehungsstadium ad absurdum geführt. Die EU hat dabei wie ein unerfahrener Anfänger auch keinerlei Gespür für die Achtung politisch gewachsener und von den beiden Großmächten bisher akzeptierter Einflusssphären gezeigt. Sie ist damit kein Garant von Frieden, sondern stellt als neuer Machtfaktor in Europa eine Quelle potenzieller Kriegsgefahr dar.

Diese Befürchtung wird noch dadurch verstärkt, dass die politischen Entscheidungen der EU nicht von *einer* Regierung gefällt werden, die dafür die Verantwortung trägt, sondern von einem Team der im Ministerrat vertretenen Regierungen der Einzelstaaten. Ob die dabei praktizierte Teamwork-Methode *effizienter* ist als eine Einzelentscheidung ist wissenschaftlich noch umstritten. Außer Zweifel steht jedoch, dass das *Verantwortungsbewusstsein* von Teammitgliedern für ihr gemeinsames Handeln deutlich geringer ist als bei einer persönlichen Einzelentscheidung.

Besonders deutlich wird dies im Hinblick auf die offensichtlichen Fehler und Versäumnisse bei der Einführung des Euro und speziell der Aufnahme von Griechenland in die Währungsunion. Hier kann der Bürger staunend erleben, wie Politiker, die all die offenkundigen Fehler persönlich begangen haben, sich in keiner Weise dafür verantwortlich fühlen. Unbeeindruckt von den erhobenen Vorwürfen erklären sie in Talkshows, dass bei der Aufnahme Griechenlands in die Währungsunion allen Entscheidungsträgern klar war, dass die Aufnahmekriterien nicht erfüllt waren. Es habe jedoch Konsens unter den Vertretern der einzelnen Länder bestanden, sich darüber hinweg zu setzen.

Der Konsens mehrerer gilt damit als ausreichende Rechtfertigung für einen Bruch und der Missachtung von Regeln und Grundsätzen, die im Maastrichter Vertrag vereinbart wurden. Ein solcher Einblick in die Methodik des politischen Handelns von EU-Organen eröffnet den Bürgern düstere Zukunftsaussichten. Deshalb ist ihnen kaum zu verdenken, dass sie wenig bereit sind, eine solche Politik mit ihren Steuergeldern weiter zu unterstützen.

Sämtliche bisher aufgezeigten Missstände, Fehlentwicklungen und Gefahrenquellen sind jedoch „Peanuts" im Vergleich zu den finanziellen Risiken, denen Deutschland als Hauptgarant der verschiedenen Rettungsschirme ausgesetzt ist. Allein die Tatsache, dass diese Rettungsschirme überhaupt erforderlich sind, spricht bereits für sich. Neben den verschiedenen Rettungsschirmen, die durch den im Oktober 2012 geschaffenen Europäischen Stabilitätsmechanismus ESM abgelöst wurden, war noch eine Reihe weiterer Stützungsmaßnahmen erforderlich, um das Fehlkonstrukt EU künstlich am Leben zu halten. Im Einzelnen sind dies:

- Der bereits genannte Europäische Stabilitätsmechanismus

- das für Griechenland geschaffene Rettungspaket des Internationalen Währungsfonds IWF

- die bei der Europäischen Zentralbank EZB geführten Target2-Salden

- die Staatsanleihekäufe der Europäischen Zentralbank EZB im Rahmen der „Securities Markets Programme" SMP

- der im März 2014 konkretisierte Bankenaufsichtsmechanismus SSM (Single Supervisory Mechanism)

Das Haftungsrisiko, das für Deutschland aus diesen Stützungsprogrammen besteht, beträgt 732 Milliarden Euro. Bei diesem Betrag sind die Beiträge deutscher Banken zu einem gemeinsamen Abwicklungsfonds für insolvente Banken der EU noch nicht berücksichtigt. Auch diese Einrichtung bewirkt eine Vergemeinschaftung von Schulden. Dabei handelt es sich nicht um Staatsschulden, sondern um ausländische Bankschulden. Der genannte Haftungsbetrag bezieht sich zudem nur auf einen Ausfall der GIIPS-Staaten (Griechenland, Irland, Italien, Portugal und Spanien), während sich die Haftung bei einem Ausfall anderer EU-Staaten noch weiter erhöhen würde.

Der Ökonom Hans-Werner Sinn kommentiert dies in einem Gespräch mit der F.A.Z. am 18.02.2012 wie folgt:

„Der Zug ist in Richtung Transferunion abgefahren. Die Rettungsschirme werden in Kürze verbraucht sein. Dann wird man Deutschland bedrängen, die Summe zu erhöhen, um die alten Kredite zu schützen. Man wird immer wieder neues Geld dem alten hinterherwerfen, um sich bis zur jeweils nächsten Wahl zu retten. Im Endeffekt werden dreieinhalb Billionen Staatsschulden der Südländer vergemeischaftet sein. Deutschland wird einen erheblichen Teil seines Auslandsvermögens verlieren - entweder über Staatskonkurse, über Inflation oder, am wahrscheinlichsten, über Steuererhöhungen zur Finanzierung der anstehenden Transferunion.“

Die EU-Mitgliedschaft ist für Deutschland ein Drama. Die deutschen Bürger hatten in den letzten 25 Jahren die Kosten der Wiedervereinigung in Höhe von 1,6 Billionen Euro zu verkraften. Trotzdem besitzen sie laut Angabe der deutschen Bundesbank 5,15 Billionen Euro Sparvermögen. Diese Ersparnisse haben sie durch eigene Arbeit verdient, indem sie *nicht* mit 58 Jahren in Rente gingen, sondern bis zum 65. Lebensjahr und aktuell bis zum Alter von 67 Jahren berufstätig sind. Von dem Ersparten liegen zwei Billionen Euro auf Sparbüchern und Tagesgeldkonten, 1,5 Billionen Euro bei Versicherern, und 300 Milliarden Euro sind in Aktien investiert. Auf Sparbüchern, Tagesgeldkonten und bei Lebensversicherungen tendiert die Rendite gegen null. Dabei wurde mit den jüngsten Beschlüssen der Europäischen Zentralbank der Leitzins erneut gesenkt. Außerdem wurden Strafzinsen für Bankeinlagen eingeführt.

Die Niedrigzinspolitik der Europäischen Zentralbank EZB ist ausschließlich darauf ausgerichtet, den angeschlagenen Staaten Europas die Finanzierung ihrer Schuldenberge zu ermöglichen. Davon profitiert auch der deutsche Fiskus. Nach einer internen Berechnung der Bundesbank hat der deutsche Staat im Zeitraum von 2007 bis 2013 120 Milliarden Euro Zinsen für die Bundesschuld gespart.

Die Leidtragenden dieser Finanzpolitik sind die Sparer, die für ihren Ruhestand Vorsorge treffen wollten, nachdem die demographische Entwicklung befürchten lässt, dass mit der staatlichen Rente zukünftig nur noch das Existenzminimum abgedeckt werden kann. Diese Vorsorge wird massiv erschwert, wenn die in Lebensversicherungen oder sonstige Anlageformen eingezahlten Beträge weniger Zinsen abwerfen als die Inflationsrate.

Jene Bürger, die sich bereits im Ruhestand befinden und hierfür einen Kapitalstock angespart haben, erzielen entgegen ihrer ursprünglichen Planung hieraus kaum noch Erträge, die in den Konsum fließen könnten. Ein Verzehr der Substanz ist dabei keine wirkliche Option. Der Grund hierfür ist, dass das Kapital für die Kinder erhalten bleiben soll, die ohne diese Hilfe kaum in der Lage wären, sich ein Eigenheim anzuschaffen. Im Gegensatz dazu war dies ihren Eltern in der zweiten Hälfte des vergangenen Jahrhunderts noch möglich. Dabei reichte es häufig aus, dass nur *einer* der beiden Partner berufstätig war.

Diese Entwicklung hat nicht nur Auswirkung auf die finanzielle Situation der Ruheständler. Bei einem deutschen Sparvolumen von über 5 Billionen Euro würde eine herkömmliche Rendite von 6 Prozent bereits laufende Erträge von jährlich 300 Milliarden Euro abwerfen. Wenn hiervon nur die Hälfte in den Konsum fließen würde, ergäbe sich eine gewaltige Ankurbelung der Binnennachfrage und damit ein Zuwachs an Arbeitsplätzen. Durch den Multiplikatoreffekt würden die positiven Auswirkungen noch weiter verstärkt. Diese Impulse fehlen durch die unheilvolle Geldpolitik der Europäischen Zentralbank, die ernsthaft davon ausgeht, die Konjunktur durch eine lockere Geldpolitik ankurbeln zu können.

Den Bürgern fehlt jedoch nicht nur der Ertrag aus ihrem Ersparten. Dieses mühsam erarbeitete Vermögen verliert außerdem auch noch täglich an Wert. Dabei geht der Wertverlust über die vom Statistischen Bundesamt veröffentlichte Inflationsrate weit hinaus.

Diese Behörde weist mit ihrer unglaublich hohen Mitarbeiterzahl von 2435 Personen und einem steuerfinanzierten Etat der sich im Jahr 2014 auf 165,464 Millionen Euro beläuft, nicht die tatsächliche Inflationsrate aus, sondern hat vielmehr die Aufgabe, durch Manipulation der Daten das Vertrauen der Bürger in unser Geldsystem möglichst lange zu erhalten. Hierzu bedient sie sich mehrerer Tricks.

Eine Möglichkeit der Manipulation liegt in der Zusammenstellung des so genannten Warenkorbs, der zur Messung der Inflationsrate einen repräsentativen Mix der Waren und Dienstleistungen enthält, die von den deutschen Bürgern bei ihrer Lebensführung typischerweise konsumiert werden. Dieser vom Statistischen Bundesamt zusammen gestellte Warenkorb geht davon aus, dass die Bürger 10,4 Prozent ihres verfügbaren Einkommens für Essen und 2,6 Prozent für Strom verwenden.

Hierdurch ergeben sich für die unterschiedlichen Bevölkerungsgruppen die folgenden Beträge:

	Essen	Strom
Hartz-IV-Empfänger	34 €	9 €
Durchschnittsrentner	80 €	20 €
Arbeiter	121 €	31 €
Angestellter	173 €	45 €

Diese Zahlen beziffern nicht etwa die *wöchentlichen* Ausgaben, sondern stellen in der Tat die *monatlichen* Ausgaben der verschiedenen Bevölkerungsgruppen dar, wie sie sich nach dem Warenkorb des Statistischen Bundesamtes ergeben. Bei einer derartigen betragsmäßigen Begrenzung der Ausgaben für Nahrungsmittel wären zumindest die Hartz-IV-Empfänger nach kurzer Zeit verhungert.

Auch durch den amtlich ausgewiesenen „Regelbedarf für Hartz-IV-Empfänger", der anders als der Warenkorb des Statistischen Bundesamtes einen Regelsatz von 138,81 Euro für Nahrung ausweist, wird bestätigt, dass der von den Inflationsmessern angesetzte Betrag unrealistisch ist. Dem Statistischen Bundesamt ist deshalb anzuraten, bei der Manipulation der Daten eine bessere Abstimmung mit den Daten anderer Bundesbehörden vorzunehmen.

Durch den Ansatz derart niedriger Teilgrößen gerade in denjenigen Verbrauchssegmenten, bei denen die höchste Teuerungsrate zu verzeichnen ist, wird zwangsläufig eine viel zu niedrige Inflationsrate ausgewiesen.

Ein weiterer Trick zur Manipulation der auszuweisenden Inflationsrate besteht im Einsatz der so genannten „hedonistischen Methode" der Inflationsmesser, die vor allem bei technischen Artikeln zur Anwendung kommt. Hierbei wird für einen Computer nicht der tatsächliche Preis angesetzt. Vielmehr wird dieser reduziert. Diese Preisreduzierung wird damit begründet, dass ein neuer PC gegenüber dem Vorgängermodell eine höhere Leistung besitzt. Die qualitativen Verbesserungen werden also monetär quantifiziert und vom Ladenpreis abgezogen, obwohl der Preis nicht gesunken ist und ein Computer mit geringerer Leistung und einem Röhrenmonitor gar nicht mehr erhältlich ist.

Die vorstehend aufgezeigten Methoden bei der Ermittlung der vom Statistischen Bundesamt ausgewiesenen Inflationsrate stellen nur die zwei öffentlich bekannten und sozusagen *offiziellen* Manipulationen dar. Es kann wohl davon ausgegangen werden, dass darüber hinaus eine Reihe weiterer Tricks zum Einsatz kommt, um die gewünschte Inflationsrate zu erhalten.

Neben der Niedrigzinspolitik der Europäischen Zentralbank wird unserem Land auch durch eine Vielzahl anderer europolitischer Maßnahmen Kapital und Vermögen entzogen. Diese Gelder fehlen für den Erhalt und Ausbau der Infrastruktur. Dies hat zur Folge, dass Deutschland in Relation zu dessen Wirtschaftsleistung im Jahr 2014 bei den öffentlichen Investitionen unter den 28 EU-Staaten den Platz 27 belegt.

Diese bereits jetzt spürbaren Folgen der EU-Mitgliedschaft sind jedoch marginal gegenüber den vorerwähnten Risiken, denen Deutschland zusätzlich ausgeliefert ist. Weil diese Risiken so groß sind, dass damit die im Grundgesetz verankerte Budgethoheit des Bundestags in Frage gestellt wurde, haben bei der Verabschiedung des Gesetzes über den Beitritt Deutschlands zum Europäischen Stabilitätsmechanismus ESM mehr als 37.000 Beschwerdeführer beim Bundesverfassungsgericht Klage erhoben. Zu den Klägern zählten Rechtsprofessoren und Abgeordnete mehrerer Parteien. Darunter befanden sich auch der derzeitige CSU-Parteivize Gauweiler und der Verein

"Mehr Demokratie", der sich für mehr direkte Bürgerbeteiligung an politischen Entscheidungen einsetzt.

Die Klage wurde abgewiesen. Dies bestärkte die EU-Befürworter in ihrer Ansicht, dass die Abschaffung Deutschlands durch die deutsche Verfassung gedeckt sei. Dabei blendeten sie völlig aus, dass das Bundesverfassungsgericht nur über die juristische Frage entscheiden konnte, ob Deutschland durch den vorgesehenen Beitritt zum EMS finanzielle Verpflichtungen in einem solchen Ausmaß eingehen wird, dass dies praktisch einer Beschneidung der Budgethoheit des Parlaments gleichkommt.

Diese Frage wurde vom Bundesverfassungsgericht de facto *bejaht*. Im Wege der „verfassungskonformen Auslegung" hat es jedoch erklärt, dass eine Verletzung der Budgethoheit *dann nicht vorliege*, wenn das Gesetz dahingehend *ergänzt* wird, dass die Haftungssumme, für die Deutschland beim ESM geradesteht, in keinem Fall die Höchstsumme von 190 Milliarden Euro übersteigt. Das Gesetz wurde deshalb in diesem Sinne nachgebessert, damit es in Kraft treten konnte.

Die Tatsache, dass eine solche Haftungsbegrenzung im Vertragsentwurf der Bundesregierung nicht *von Anfang an* vorgesehen war, zeigt, wie inkompetent unsere politische Führung mitsamt ihrem Beamtenapparat die Interessen Deutschlands vertritt beziehungsweise nicht vertritt. Jeder Jurist, der einen Vertrag über eine Bürgschaft oder eine sonstige Haftungsverpflichtung zu entwerfen hat, weiß, dass eine solche Verpflichtung eine entsprechenden Haftungs*begrenzung* erfordert, damit sich die Haftung nicht ins Uferlose erstreckt. Das Fehlen einer solchen Haftungsbegrenzung stellt für jeden Juristen einen eklatanten Verstoß gegen die berufliche Sorgfaltspflicht dar, der üblicherweise einen Schadensersatzanspruch gegen denjenigen zur Folge hat, der für die Vertragsausarbeitung verantwortlich ist.

Die Bundesregierung kann sich dabei, wie üblicherweise von ihr praktiziert, auch nicht ernsthaft mit dem Argument entlasten, dass eine solche Haftungsbegrenzung politischen nicht durchsetzbar gewesen sei. Denn wie das tatsächliche Geschehen zeigt, haben die Vertragspartner Deutschlands die Haftungsbegrenzung problemlos akzeptiert.

Trotz der Haftungsbegrenzung beim ESM liegt das von Deutschland im Rahmen der EU eingegangene gesamte Haftungsrisiko bei fast einer dreiviertel Billion Euro und erreicht damit eine Größenordnung, die den gesamten deutschen Staatsausgaben für den Zeitraum von zweieinhalb Jahren entspricht. Beim finanziellen Ausfall weiterer EU-Länder, die aktuell noch keiner Unterstützung bedürfen, kann dieser Betrag sogar noch überschritten werden.

Die Belastung des deutschen Volkes mit einer derartigen Bürde wirft die Frage auf, ob eine solche Regierungspolitik mit dem Amtseid der Bundeskanzlerin und ihrer Minister, den diese bei ihrer Amtseinsetzung feierlich ablegt haben, zu vereinbaren ist. Nach diesem Eid versichern die Regierungsmitglieder folgendes:

„Ich schwöre, dass ich meine Kraft dem Wohle des deutschen Volkes widmen, seinen Nutzen mehren, Schaden von ihm wenden, das Grundgesetz und die

Gesetze des Bundes wahren und verteidigen, meine Pflichten gewissenhaft erfüllen und Gerechtigkeit gegen jedermann üben werde. So wahr mir Gott helfe."

Die Regierungsmitglieder wurden durch diesen Eid verpflichtet, sich für das Wohl des *deutschen* Volkes einzusetzen.

Demgegenüber wird in öffentlichen Diskussionen und vor allem in Talkshows, die Parteinahme für das deutsche Volk und die Wahrung deutscher Interessen unverhohlen als „rechts" und „national" qualifiziert. Dabei wird oft eine Nähe zur nationalsozialistischen Ideologie unterstellt. Der Verzicht auf die Wahrnehmung eigener Interessen wird zum moralischen Gebot erklärt. Dies hat zur Folge, dass Vorbehalte gegen die Einbeziehung ausländischer Bürger in unsere Sozialleistungen und die Weigerung, bei der Begleichung fremder Schulden beizutragen, bereits als Verstoß gegen den neuen moralischen Codex geächtet werden.

Über diese neue Denkweise und reale Ausübung christlicher Nächstenliebe könnte durchaus diskutiert werden. Statt sich einer solchen Diskussion offen zu stellen, verschweigen die Parteien jedoch beharrlich ihre wahren politischen Ziele. So war die SPD bei der Europawahl 2014 nur mit völlig nichtssagenden Leerformeln auf Stimmenfang und hat dabei mit keinem Wort offen gelegt, dass sie für Eurobonds, Vergemeinschaftung der Staatsschulden, Bankenunion und alle jene weiteren Maßnahmen eintritt, von denen andere europäischen Staaten profitieren, die aber Deutschland nur zum Nachteil gereichen. Offensichtlich scheut die SPD die Konsequenzen, die sie zu tragen hätte, wenn sie ihre Klientel aus der Arbeiterschaft darüber aufklären würde, dass mit den auf ihren Lohn erhobenen Steuern und Sozialabgaben künftig alle Proletarier Europas alimentiert werden sollen.

Ein geeignetes Forum für eine offene Diskussion über den Einsatz deutscher Steuergelder zugunsten ausländischer Zwecke wäre, trotz der völlig undemokratischen Berufung seiner Mitglieder, der deutsche Ethikrat. Diesem käme damit eine angemessene Aufgabe zu, die sinnvoller wäre als die Beschäftigung mit wissenschafts- und fortschrittsfeindlichen

Themen. In diesem Forum sollte offen diskutiert werden, ob unsere Regierung die Interessen des deutschen Volkes vertreten soll, oder ob der Amtseid der Regierungsmitglieder dahingehend abgeändert werden soll, dass der Wortlaut „des deutschen Volkes" durch die Formulierung „aller Menschen der Erde" ersetzt wird. Dabei müsste sichergestellt werden, dass die anderen Staaten gleichfalls eine solche altruistische Politik verfolgen. Denn ohne diese Entsprechung würde ein solcher einseitiger Paradigmenwechsel zur realen Benachteiligung des deutschen Volkes führen.

Solange eine solche Anpassung des Amtseids nicht erfolgt ist, hat sich unsere Regierung, wenn auch widerwillig, daran zu halten, dass ihre Aufgabe nicht darin besteht, die Welt zu beglücken, sondern ihre Fürsorge auf das *deutsche* Volk zu beschränken ist. Wenn Steuern für Zwecke ausgegeben werden, die dem deutschen Bürger keinen Nutzen bringen, liegt ein Verstoß gegen den aktuellen Amtseid vor. Dabei genügt es nicht, dass nur vage dargelegt wird, diese Ausgaben seien im Interesse Deutschlands und deshalb alternativlos. Werden deutsche Steuergelder *zugunsten anderer Staaten* und damit offensichtlich zweckentfremdet eingesetzt, hat die Regierung substantiiert und überzeugend darzulegen, dass dieser Einsatz *im Interesse Deutschlands* notwendig ist.

Im Gegensatz zum regulären Einsatz der Steuermittel für inländische Zwecke erfolgt in derartigen Fällen eine Umkehr der Beweislast. Dies hat zur Folge, dass die Regierung nur dann für den offensichtlich sachfremden Einsatz von Finanzmitteln exkulpiert ist, wenn von ihr zweifelsfrei nachgewiesen wird, dass der ausländische Einsatz von Steuergeldern dem deutschen Volk dennoch zu Gute kommt. Dabei ist es unerlässlich, dass der erwartete Nutzen konkret und überzeugend dargelegt wird. Kann dieser Nachweis nicht zweifelsfrei geführt werden, ist die Verwendung der Gelder als Veruntreuung zu werten.

Fazit

Das Fazit aus vorstehenden Ausführungen möge der Leser für sich selbst ziehen. Er möge selbst beurteilen, ob die kriminelle Energie eines Steuerhinterziehers wie diejenige eines Sozialbetrügers oder gar eines Bankräubers einzustufen ist. Er möge auch selbst beurteilen, ob der gigantische Fehleinsatz der Steuergelder nicht wesentlich verwerflicher ist als die Vorenthaltung von selbst verdientem Geld, das durch parlamentarischen Mehrheitsbeschluss als abgabepflichtig erklärt wurde.

Hinweis

Da sich dieses Buch an den steuerlich interessierten Laien wendet und keine wissenschaftliche Abhandlung darstellt, wurde auf einen Quellennachweis verzichtet. Dem Leser versichere ich, dass die Fakten zutreffend sind. Bei Fragen hierzu wenden Sie sich an ihren Steuerberater oder Wirtschaftsprüfer.

www.ingramcontent.com/pod-product-compliance
Lightning Source LLC
Chambersburg PA
CBHW051749250726
48659CB00001B/319